# コロナに
# 勝つ心

## 賢人たちからのメッセージ

若林　毅
Wakabayashi Tsuyoshi

たま出版

# はじめに

春の日差しに包まれて、穏やかな風を感じながらの出社途中、ふと見ると、犬の散歩をする一人の老翁がいた。犬は柴犬で、ころころと太った背中を伸ばしたかと思うと、プルプルと首を振って心地よさげに天を見た。どこかで見慣れた風景だ。去年の十二月、そして今年の二月、立て続けに天に召された父親と愛犬ココの姿にそっくりだった。

信号が青に変わってからも、込みあげてくる懐かしさと深い悲しみに心は激しく動揺し、先ほどまでの麗春の穏やかさが逆に心の渇きを際立たせるようだった。

毎日毎朝、当たり前のようにそこに居た父とココが今はいない。どれだけ祈ってもどんな手を使っても、もうそこには居てくれない。

人生にはどうしようもないことがいくつかあり、みずからの生老病死もそのひとつだが、愛する人との惜別は考えただけでも息苦しくなるような試練である。

生前の父やココの姿を見ていて「いつまでもこの幸せな時間は続かないんだ」と、いたずらに心を曇らせてしまったことが幾度かあった。そしてそれは、さほどの時間を経ずして現実となった。

すると、今一緒に暮らしている人たちが無性に愛おしくなってくる。人の一生は短いが、多くの思い出や先人たちの教えに安らぎと潤いを感じることができる。これは、先立った人たちが遺してくれた財産なのかもしれない。

こうしたことを、生涯において一度は冷静に考えてみる必要があるのだろう。

つまり、限りある時間と別離の繰り返しともいえる人生は、私たちにいったいなにをもたらそうとしているのか。あるいは、私たちはそこからなにを学べばよいのか、ということである。

この「人生の構図」には、大きな意図があるに違いない。

もしかしたら人は、生きている間に毎日その命題に取り組んでいるのかもしれない。そのことに、どれだけ意識を集中するのかというだけの問題なのだ。大切なのは、答えがすぐあるかどうかではなく、解を求め、考えながら今を生きていくことなのではなかろうか。

ともすれば、つらいことや考えたくないことは置き去りにされるのが人の世の常、人の情たるものだ。もちろん、楽しく生きるのも人生の目的ではあるし、人はそうあるべきだ。しかし、真から人生を楽しむためには、苦しいことから目をそらしたり、忙殺されたりしてはいけない。そこには真理がある。そのことを意識し、感じながら今世の道を歩んでいくことこそが、なにより人々に求められている生き方だと感じている。

ただし、これは「宗教」とか「哲学」とか「道徳」とかそういったものとは少し違っている。どう表現すればいいのかは難しいところなのだが、語っていくなかから、読者の方がそれぞれに感じ取っていただけたらそれで十分である。

本書に連ねたのは、私自身の思い、あるいは気づきから発する言葉であり、また示唆を与えてくれた多くの秀逸なる書物からの抜粋である。これらを通して「大いなる意図」を考えるよすがになれば著者として幸甚である。

コロナに勝つ心～賢人たちからのメッセージ～目次



※本文中、引用・抜粋させていただいた著者のお名前は、すべて敬称を略させていただきました。

# 第1章　コロナ制圧のための「心四か条」

私は、あるときからかなり多くの本を読むようになった。ある日突然人生の挫折を経験し、仕事で苦悩する大変な事態に陥ったときがあり、そのころからはじめた習慣である。若いころから読書に精励していれば、もっと多くの気づきを得て魂の修練ができていたに違いないのだが、残念ながら四十歳半ばを越えてからの「濫読家」となってしまった。

それでも、身についた読書習慣が、当時の私の障壁や苦悩をどれだけ軽減してくれたか、泥沼から救い上げてくれたかは、筆舌に尽くしがたいものがある。

爾来、約二十年近くの時間が、私にとっての「覚醒の時代」への変遷期となった。そのあいだ、どれだけ魂の修練ができたかはわからない。しかし、多くの有識者や科学者、医師、物理学者や作家、スピリチュアルの探究者、チャネラーの著した秀逸な著書、論文、エッセイから対談集に至るまでを手当たり次第に読破した。

気づきがあったり、感動するたびに、カラーマーカーでシュッシュッと文章に色づけしていくのだが、どうやら私の脳はあまり機能していないらしく、知識を入れるたびにトコロテンのように、それまでの内容は押し出されてしまう。

しかも、カラーマーカーのシュッシュッは、横で爆睡中の家内を苛立たせるようで、彼女の見ている夢にどのような影響を及ぼしたものか、いきなり叱られたことが何度かあった。

いや、こんな話をしようと思っていたのではない。私がここで言いたいのは、多くの書物は読み返すことが必要だということである。

須藤元気が著書の中で、情熱を傾けていることとして「旅行」「読書」「格闘技」等々を挙げ、そのうち、読書については読み返すことを奨励していた。私も、本を読み返すごとに、真綿に水の沁みこむが如く知識が吸収されていくのを感じる。

そして今では、本と出合って最初に読んだときの自分の気づきの浅さもよくわかっている。なぜなら、気づきマークともいえるマーカーのラインが読み直しのときには倍増するからである。

こうした「本は読み返すとさらに価値を増す」という定義も、私の稚拙な経験のなかから得た大きな収穫だ。もちろん、氏の著書からの示唆があってこその収穫でもある。

バシャールが須藤元気との対談で「ハイヤーマインドから得たインスピレーションは行動することによってこそ意味を持つ」という主旨の発言をしていたが、私の得た「本は読み返すとさらに価値を増す」という定義もまた、私自身が「本を読み返してみる」という実行動によって身につけた、本物の感覚といえるだろう。


さて、前置きが長くなったが、今回の本の「執筆理由」について話しておきたい。

私はそもそも、自分なりの世界観、人生観、死生観、スピリチュアル観といったものをまとめたいという思いをずっと抱いていた。さらに、会社を経営する立場の者として、経営学の師とも考え私淑していた船井幸雄のセミナーに参加し、著書を読んで、その思想の変遷に衝撃を受けたのもある。そして、氏の著した『二つの真実』や、『日月神事』研究の第一人者である中矢伸一と船井幸雄の共著『いま人に聞かせたい神様の言葉』等を読むうち、氏が世に伝えたかった真実を私も探求してみたくなったのである。

そんな思いが固まるころ、偶然にも手に取った本が、立花隆の著書『臨死体験』（文藝春秋）であったりする。意図せずして私のマインドと行動は同一方向へと舵を切っていたということだ。

こうした出来事を偶然と考えず、必然と見なすことを「シンクロニシティ」と呼ぶ（そういえば同じころ私はスーザン・M・ワトキンスの『シンクロニシティが起きるとき』も読んでいた）。

その後読みはじめたブライアン・L・ワイスの著書についてもそうで、たまたま東京に出張したとき、立ち寄った中野の書店で『「前世」からのメッセージ』を手に取ったのがきっかけとなった。

ブライアン・L・ワイスはアメリカの精神診療科の医師だ。患者を催眠療法で治療していたとき、その患者を通して、彼しか知らないはずのワイス家の極めてプライベートな話が語られはじめたことに驚愕し、「人は何回も輪廻転生している」ことに確信を抱き、「催眠療法を使うことで前世の記憶を思い出させる」という手法により、さまざまな心的外傷を癒してきた人である。

私は、ブライアン・L・ワイスの本をほぼすべて読み、二〇一八年四月に氏が来日した際には、大阪まで出向いて二日間のワークショップに参加した。東京のワークショップにも行きたかったのだが、どうしても都合がつけられず大阪のみの参加であった。当時すでに氏は高齢で、そのときが最後の来日となると思われていたこともあり、セミナー終了後のサイン会でツーショット写真を撮ることができたのは感慨深いものがあった。

それで、執筆理由である。それは他でもない、二〇二〇年四月二日の時点で、新型コロナウイルスなる疫病が世界中に蔓延し、驚異的なスピードで人々の命を奪っているからである。

報道では、東京での感染者が一日だけで百人近くも判明している。この勢いでいくとこの本が出版されるころにはどんな状況になっているだろうか。悪化しているにせよ、持ちこたえているにせよ、なんとかしなくては、の一念で筆を執った。

私自身は、医者でもなければ政治家でもない。無力な小市民という立場である。だが、はっきり言えることは、この伝染病についてすべての人々が一致団結して闘うためには、個々人の強い意志と努力が要るということ。献身的な努力を続ける医療従事者の方々と、彼らに必要なマスクや人工呼吸器といった闘う武器が要るということ。国民のことを深慮し、賢く、優先順位が即断できて、勇気のある指導者が要るということである。

そして、そのうえで必要なのが、人類の共通テキストともいえるハイブリッドな武器である。心に武器を持たねばならないのだ。

今こそ、人類がその歴史の中で蓄えてきた智慧と知識を学び、多くの賢人たちから送られているメッセージに真摯に耳を傾けるときなのである。

正直なところ、私レベルのソウル（魂）では、宗教家の方々や、哲学者、有識者、学者といった方たちのように、道を示したりすることはできないだろう。しかし、私にしかできないこともあるのではないか、という気持ちが私のなかから沸々と湧き上がってきたのである。どう説明していいのかわからないが、この強いマインドの声には絶対に応えなくてはならないと思った。だから、たとえ独りよがりであっても、冷笑されたとしても、行動することにした。

「ハイヤーマインドから得たインスピレーションは行動することによってのみ大きな意味を持つ」とのバシャールの言葉に即し、行動となったわけである。

では、「ハイヤーマインド」とはなんだろうか。

人には三つの思考形態がある。その一つ目の回路が、その人のコンセプトを決める「ハイヤーマインド」である。それはもっとも大切な回路でありながら、その気になってしっかりと耳を澄まさなければ気づかない。

二つ目の回路が「脳」である。脳の医学的定義はともかく、バシャールのいう「脳」とは受信機であり、いわゆるアンテナのことだ。

つまり、私たちが記憶などと呼んでいるものは、脳のなかにはまったく存在せず、脳が外から引っ張ってきてキャッチしているのだ。さらに、バシャールによれば、人は死ぬと体から魂が抜け出ると思われがちだが（そう思わない唯物論者も多いが）、これは大きな間違いで「魂は体の外にある」のだそうだ。したがって、人が亡くなると魂は拡大するといったほうが正確である。ちょうど、窓際から望遠鏡で景色を見ていたのが、亡くなると、望遠鏡という身体を捨てて、もっと広い視野で全体が見えるようになるということらしい。

三つ目の思考回路が「フィジカルマインド」とよばれるもので、これは、我々が通常使い慣れている、ロジカル（論理的）な思考を巡らす場所である。「ハイヤーマインド」のような閃きやインスパイアされるものは持ち得ないが、ハイヤーマインドから下される指示命令にはきっちり従って動く機関である。いってみれば、従順で優秀な部下、といったところだろうか。

これらの詳細については『バシャール　スドウゲンキ』に詳しいので、一読をおすすめする。

ちなみに、世界中の誰もが、転生するなかでみずからの「ハイヤーセルフ」「ガイド」といった、別次元の自分、もしくはグループと交信している。ただし、その言葉を聴き入れているか否かは別の問題である。

ハイヤーセルフからの声をキャッチしコンセプトとして発出するのが先述した「ハイヤーマインド」で、その際には「行動することによってこそ意味を持つ」という真理がある。これこそがバシャールの言わんとしたことだ。

そして我々の住む世界にも「人間は行動した後悔より、行動しなかった後悔の方が深く残る」という米国の心理学者トーマス・ギロビッチの名言がある。

さて、これらが新型コロナウイルス対策とどう関わるのか、これが問題だ。私のハイヤーマインドは、この世界の窮状に際して「伝えろ」「本を書け」「急げ」「一刻も早く」と呼びかけてくる。

現在、世界の人口は七十七億人だが、二〇五〇年には百億人を超えるであろうと予想されている。こうした状況下で、二〇一二年を境にして人類は「ポジティブ」なグループと「ネガティブ」なグループへと次第に顕在化し、特にポジティブな人たちが増えていくだろうと言われていた。

ポジティブなグループの特徴は「情熱とワクワク感をもとに行動する」ということと「拡大する傾向」があるということで、ネガティブなグループの特徴は「恐れを理由に行動する」そして「分裂する傾向」にあるということだ。このことは、坂本政道の著書『分裂する未来～ダークサイドとの抗争』にも述べられている。

また、多くの書物に、二〇一二年以降は人々の意識が高まり、ポジティブな地球へと次元上昇（アセンション）していくであろうといった内容が記されている。

具体的な数字として、七十七億人の人口のうち、十四万人以上の人々が「気づき」を得れば、一気にポジティブ勢力が増し、現在第三密度と呼ばれる位置にいる地球は、第四密度へと移行するとされている。ポジティブは拡大する傾向を持つからだ。

さらに、最近の急速進歩した物理学や量子力学といった分野の科学者たちが、多く支持しはじめた並行宇宙論や、ハーバード大学のリサ・ランドールが著した『ワープする宇宙』で述べられた異次元論がここに絡んでくる。

こうした理論について、日経サイエンス二〇〇三年八月号から、ペンシルベニア大学教授マックス・テグマークの「並行宇宙は実在する」という記事を引用する。


この世には「別の宇宙」がたくさん存在し、あなたとまったく同じ人生を歩んでいる「もう一人のあなた」がどこかにいる。そんなバカな?

いやいや、宇宙に関する最新の観測結果は「並行宇宙」の存在を示唆している。単なる荒唐無稽な話ではない。

観測によると、空間は無限に広がっているようだ。とすると、無限の空間のどこかでは、いかにありそうにない事柄であっても、可能性のあるものなら現実となる。私たちの望遠鏡では観測できない外側には、私たちの宇宙とそっくりな別の宇宙がある。これが最も単純な並行宇宙の例だ。こうした並行宇宙の集団が、もっと大きな「マルチバース(多宇宙)」を形作る。

ある種のインフレーション理論によると、そうしたマルチバースの「泡」がたくさん集まった「レベル2マルチバース」の存在も考えられる。このマルチバースでは、物理定数や素粒子の種類が「泡」ごとに異なってくる。

レベル3のマルチバースは量子力学の「多世界解釈」から生じるマルチ世界だ。ランダムな量子過程によって宇宙が複数のコピーに分岐し、そのいずれもが現実になりうると考える。

さらにレベル4マルチバースの考え方では、あらゆる数理的構造に対応した宇宙が存在すると考える。このマルチバースでは、物理法則までが宇宙によって異なるようになる。

並行宇宙の存在は奇妙に思えるかもしれないが、実はこれほどすっきりとした明快な考え方はない。時間の本質や、私たちが物理的世界をなぜ理解可能なのかといった根本的な問題に迫る手がかりにもなるだろう。

（日経サイエンス二〇〇三年八月号　マックス・テグマーク「並行宇宙は実在する」
原題：Parallel Universesより）

我々が暮らしている宇宙とは別の宇宙が無限に無数にあるとすると、自分も、家族も、社会も、この世界そのものも、まったく同じものが並行して存在しているということになる。

リサ・ランドールは、そのことをシャワーカーテンの上にたくさんある水泡にたとえている。それぞれの水泡が別の宇宙なのだが、そのなかにいると、別の水泡（宇宙）も、同一基板であるシャワーカーテンも、それ以外の空間も俯瞰して見ることができないのである。

光があれば影があるように、ポジティブとネガティブも表裏一体で存在する。

つまり、棲む世界はそれぞれの人の考え方や行動によって分かれていくということだ。瞬間にその世界へ移動して、別の宇宙の、別の地球の、別の日本の、別の我が家の、別の自分を生きるのである。ポジティブに選択するとそちらが現実になり、ネガティブに考えて生きるとそちらが現実になる。

マックス・テグマークはこの現象を、「無限の空間のどこかでは、いかにありそうにない事柄であっても、可能性のあるものなら現実となる」と述べたのである。世界のすべては自分が現実にしているのだ。自分が選択して、現実を生み出しているともいえるのである。

それでは、新型コロナウイルスの世界中への蔓延についてはどう思索するべきなのか。

人は生まれてくる前に自分の親や環境、おおむねどのような人生を歩むかをガイドやハイヤーセルフといった存在と一緒に設計してから、魂を身体に宿らせる。

そうすることで、三次元の物質世界であるこの地球という惑星において、「今回の人生で自分の魂は何を学べばよいのか」という課題を得て、生き抜くことになるのである。我々はこうした過去生を何度も繰り返してきた。今世の人生もそのひとつであり、みずからの魂の修練を目的として幾度もの人生を転生している。そして、第三密度で振動数が低く、波動の難しい「地球」という、とてもハードルの高い学校を選択してきている。地球は、その振動数の低さにもかかわらず、人気の学校である。

もちろん、その中間生（生まれる前の打ち合わせの時間）で確認しあった課題や生き方は今世の生活のなかでは忘れてしまっている。多くの人は三歳くらいまでは前世の記憶や、今世の課題、宿題について覚えているようなのだが、長じていくにつれ、社会生活を送るうちに忘れるようになっている。

それゆえ、大枠のできあがった人生は、細部においては選択の連続であり、気づきや学びを繰り返しながら、短い人としての一生、生老病死の道を辿っていく。あくまでもみずからの判断と選択の連続で、すべてのことを「現実化」させているのである。

この「現実化」の仕組みが、最新の物理学や量子力学で定説化してきた、「並行宇宙」論でもっとも妥当に説明できてしまうわけだ。

そして、ダリル・アンカとチャネリングして、常にポジティブなメッセージを伝え続けてくれている存在「バシャール」によれば、「多元宇宙・並行宇宙は実在し、自分が選んだ世界へ瞬間ごとに移動して、人はそのことに気づかず生きている」という。人類が近年になって学術的に行き着いた最新の理論を、ほぼそのまま肯定するものとなっている。

ちなみに、バシャールに対しては、これまでに多くの科学者が専門的な質問をしてきたが、ダリル・アンカ個人ではどうやっても知り得ないようなことも、バシャールはすべてその場で正確に答えている。

ひるがえって、いま我々人類はコロナ禍との凄まじい闘いのさなかにいる。医療関係者の粉骨砕身、獅子奮迅の、血の滲むような努力に頼り、医療崩壊の危機に瀕するまでになってしまった。

世界の政治指導者の力量と人間性が見えるようになったのも、この非常事態において、国民が肌で感じている際立った事象のひとつだ。

指導者の問題は歴史が後に総括し評価するだろう。ここでは政治や社会の問題、検査方法や医療体制の問題ではなく、個人の「心の在り方」の問題を探ろうというのである。

この想像だにしなかった事態に至った理由を「中国の武漢のなにやらが」といった物質世界の観点からではなく、目に見えないシステムのなかから解析する必要がある。

つまり、いま我々の目の前で起きている、信じがたいほどに悲惨な疫病蔓延の世界は、もしかしたら考え方や生き方を変えることによって、大きく変わるのではなかろうか、ということである。ポジティブに考え、生きることで、並行して存在する平和な地球（ポジティブな世界）へと皆が移動するのではなかろうか、私にはそのように思えてならないのだ。

もちろん、新型コロナウイルスは強烈な感染力を持ち、けっして油断してはならない相手であることは間違いない。

だからこそ今すべきは「ポジティブな思考と行動」であり、これは行動してはじめて意味を成す。

では、ポジティブとはどういうことか。これは、近年流行りの啓発本やビジネス書のポジティブシンキングとはちょっと違う。

バシャールの言葉によると、ポジティブとは「情熱をもって、ワクワクしながら」思考し行動することである。そしてポジティブは「拡大する傾向」にある。となると、現状に対して我々のすべきことは、「毎日の予防行動を積極的におこない、感染が人から人へと広がることをみずからの意志と行動で阻止し、世界中の人たちの健康を思い、一日もはやくこの事態が終息するよう、その日を、希望をもって待ち望む」というスタンスにいることであろう。

こうしてとりあえずの目標を定めれば、なにもなく漠然としているよりも情熱をもってポジティブに取り組むことができるのではないだろうか。

コロナ禍で尊い命を奪われた多くの方々に衷心より哀悼の意を表する。罹患して苦しまれている方々には回復されることを心より祈念している。また、現場の医療関係者には日々の活動に感謝と敬意を抱いている。

そのうえで、この事態に立ち向かう自分自身の心のモードとして、ポジティブに取り組みたいと考えているのだ。皆の心がひとつになれば、同じことをするにしてもより効率的かつスピーディーに展開していくはずである。何より、世界中の人々の一体感が増して、そこから生まれるパワーは計りしれないものとなるだろう。

そして、ポジティブな動きは正しい方向へと我々を誘う。つまり、ポジティブで平和な地球へと皆を移動させるのである。

日常の生活において、私自身も、自分の判断と選択した行動によって、それに即した世界へと移動している。その結果がこの世界だ。

つまり、ここを選んだ私自身にもまた、今の世界の窮状の責任がある。

これは、うすうす日ごろから感じていたことで、つまり私のハイヤーマインドはすでに気づいていたことなのかもしれない。

目に見える物質世界と、目には見えない別次元の世界とが隣接して同時に存在することや、時間という概念のない、過去、現在、未来が同時に存在している高次の世界のことを確信すると、「起きている現象にはすべて理由がある」ことに気がつくのだ。

こういったことを総合すると、コロナ終息に向けての思索とは、次の四か条となる。

1・物事が起きるのは偶然ではなく必然だということを知り、洞察する
2・「自分の与えるものが、自分に返ってくる」ことを知り、思索する
3・情熱と希望をもってワクワクしながら、一日もはやい感染の終息を待ち望む
4・弱者への思いを忘れず、できることから手を差しのべようと努力する

これが「心四か条」である。なるべくシンプルでわかりやすいようにした。

1については後に詳述するが、熱帯雨林の伐採によるウイルスの多発や、地球温暖化問題、資本主義の偏重と社会の歪みによる弊害など、多くの問題が浮きぼりになってくる。

2については、ひとつの信念を持って自分が変わることが大切で、それによって人が変わり、世界が変わる。自分の選択に愛と使命感があれば、それが現実になるのだ。
3、4について考えるならば、ポジティブな気持ちで、自分が罹患しないよう努めることこそがこの悲劇の連鎖を止める唯一の方法だ。自分の潜在意識に、帰ってくるはずの平和な世界を映し出すのだ。それを、使命感と情熱をもって果たせばよいのだ。みずからの意志と行動で必ず遂行できると私は信じている。
世界の感染が終息する日を、希望をもって待ち望む。こうしたことが、国内で、また世

界でおこなわれだしたとき、我々のエネルギーは一気によい方向（ポジティブな方向）へと向かい、ポジティブな地球へと移動できるのである。

今の世界の国々の、指導者のネガティブな顔ぶれを思い起こしてみてほしい。すばらしいリーダーも多く存在している一方、自分のことばかりを優先する指導者も顔を揃えている。我々は弱者への思いを忘れず、もっと人類全体で考えていくべきだろう。

これからは、今までの間違った方向に気づき、正しい考え方と行動を起こすことが求められている。それができれば、驚くほどの変化を我々は体験することになるだろう。一人でも多くの人がこの考え方に気づき、賛同し、思いと行動を共にしていくことが必要なのである。社会構造の大変革「パラダイムシフト」が起きるのだ。

少なくとも、十四万人以上の人類のエネルギーが集まれば、世界は変わる。確実によい方向へとシフトする。

「物事が起きるのには必ず理由がある。百パーセント保証します」と言ったのはバシャールであるが、我々は元からこの事実を知っているのだ。それぞれ、人生の節目で体験してきたはずのことである。日常生活の些細な場面でも、常に「現象」は、なにかの示唆であったことに気づいているはずだ。

物理学や量子力学や宇宙論的に言えば、「いかにあり得ないと思うようなことでも、可能性があれば現実になる」のだ。

# 第2章　魂からの行動「行動四か条」

さて、一気にクライマックスまで書き終えた。「ふ〜っ」と一息ついて考えた。思いのまま一気に書ききった。

だが、もう少しその背景や論拠を示し、補足しなくてはならないだろう。

ここからは、今の私の考え方の基盤となった多数の賢人たちの著書を紹介しながら、これまで述べてきた新型コロナウイルス対策、心の武器の正当性を補強したいと思う。

テレビ番組などで、スピリチュアルな立場の人とそうでない人とのディベートめいたやりとりを見たことがあるだろう。なぜかスピリチュアルの立場をとる人たちにはキャラの際立った人を選び、否定派の人たちには大学の先生を選ぶ、といった構図にして、番組を盛り上げるだけでなく、色づけをしているように感じられる。

テレビ番組としてはそれが面白いのだろうが、「目に見えない事象を肯定する側の人たちは破天荒な主張をしている」という誘導は視聴者に誤解を招くものだ。それに、どうせならもっと深いところまで踏み込んだ討論をしてもらいたいと、私はつねづね思っていた。

これからスピリチュアル世界を肯定する立場の方々について紹介するうえで、肩書や学歴について云々するのは本意ではないのだが、そういった事情から、誤解を解く意味でも、あえて紹介していきたい。


船井幸雄は京都大学を卒業後、経営コンサルタントとして実績を積み、彼の主催する船井総合研究所は、一九八八年に経営コンサルタント会社としては世界初の株式上場を成し遂げた。その後氏はスピリチュアルな世界に傾注し、多くの著書を出版した。私は、経営上からも、セミナー参加などでもお世話になっている。

今から二十年くらい前、岡山で彼のセミナーを受講したときである。

「私の友人の、物理学や量子力学でノーベル賞を貰ってもいいような人たちから、多くのお話を聞けば聞くほど、神の存在を私も彼らも確信するようになった」「たとえて言うなら、ここにあるテーブル一つとっても、その元を成す原子や電子、クオークやレプトンといった素粒子や数えきれないほどの物質がぶつかりあい、反駁しあってそのバランスを保って、ここに鎮座しているのだから」という内容を聞いた。私は、なんとなくその意味は理解したが、その真意をくみとれているかいささか自信がない。であるから、氏が言ったことと少し乖離しているかもしれないがご了承いただきたい。

一人の経営者として、経営セミナーに参加したつもりの私には驚きの内容であり、氏の変遷ぶりに驚愕したものである。それから、私は氏の著書を数多く読み、そのなんたるかを理解できるようになってきたと思っている。

そのころ、一方では立花隆著『臨死体験』を読んでいた。

立花隆は東京大学仏文科卒業後、多彩なジャーナリストとしての活動とその著書で国内外の高い評価を得た。その彼が世界中の臨死体験者の文献を集め、取材し、検証したのが『臨死体験』という本である。世界中の数多くの「不思議体験」が列挙されており、氏はこれらが「脳」の機能のなせるわざではないか、と論理的解釈を試みるのだが、どうしても説明のつかない事例があるのである。

たとえば、心肺停止状況で集中治療室での手術中に、患者本人が医師や看護師の必死の対応ぶりを部屋の斜め上から見ていたとの証言や、一命をとりとめて奇跡の回復をした患者本人から詳細を聞いたところ、その内容が医師らの対応と一致していた事例などである。同じような手術中の状況で、体外離脱した意識（魂）が手術室を離れて病院の上空にまであがり、屋根の上に靴が乗っかっているのを見たという証言などもある。これも奇跡的に一命をとりとめた後で患者本人から語られた話である。そのことを確かめるために実際に見てまわると、普通、病院内からは見つけられない場所に証言通りの靴があったという。

東京大学医学部救急医学部教授であり、同医学部付属病院救急部の集中治療部部長を務めた矢作直樹の著書『人は死なない』にも、救急現場に携わる医師としての体験から、スピリチュアリズムに対する深い考えが述べられている。

氏は独自の比喩を用いて、近代スピリチュアリズムにおける霊魂と体の概念について次のように表現している。

**ここでいう着ぐるみとは肉体、コンピュータは脳、魂によるコンピュータの活動が精神あるいは心、精神活動の状態が意識・無意識、精神活動の結果生まれるコンテンツが記憶**

である。なお、記憶は肉体の脳だけでなく魂にもカーボンコピーのようにまったく同じように共有される。

魂自体は他の魂や霊と交感することができ、互いの姿が見え、声が聞こえ、自由に空間を移動することができるが、着ぐるみ（肉体）をまとうとそれらの能力は封じられる。

——『人は死なない』矢作直樹著／バジリコ

そして氏は「近代スピリチュアリズムは、宗教と違って超越的存在について、ただ感受するだけではなくそれを論理的に解明しようとする志向を持っている」とまとめている。氏自身、趣味の登山で二度も滑落事故に会い、奇跡的に一命をとりとめた経験があり、二度目の滑落事故の直後、ある声が聞こえたそうだ。


さて、ようやくバスの発着する扇沢駅の手前まで来て一息つき、立ち止まって今まで辿ってきた岩小屋沢岳から鳴沢岳、赤沢岳へと連なる稜線の方向を何気なく眺めていたときのことでした。突然、岩小屋沢岳の方角から、

「もう山には来るな」

という谺《こだま》のような声が聞こえました。私はハッとして思わずあたりを見回したけれど、もちろん誰もいない。幻聴？　いや、はっきりと聞こえた。瞬間、すべての思考が停止しました。

（中略）

あれから三十年経った今、時折考えることがあります。あの体験は何を示唆していたのか。なぜ、二度も助かったのか。あの「声」は何だったのか。性懲りもなく愚かしい行為を繰り返す私のような者にも、まだこの世界でやらなければならない役割があるということだったのか。

もとより、たかだか凡人の私に、摂理の意志が明確にわかるはずもありませんが、あの体験によって私が大きな啓示を受けたことは確かです。

以後、私は無我夢中で自分の仕事に没頭することになります。

――『人は死なない』矢作直樹著／バジリコ

この後、氏は、東大医学部付属病院の救急医療体制の構築のために、医療現場で八面六臂の活躍を続けられ大いに貢献されたのである。

ところで、私にも、少しだけ似た体験がある。

私の場合は氏のように高尚な話ではなく、もっと低い次元での体験だが、しかし確かになにか大きな存在から「いいかげんにしろ」と言われたのだ。啓示というより注意といった方が正しいのかもしれない。

その注意を受けたとき、私は考えた。そして大好きなギャンブルやタバコやお酒といったものを次々にやめた。だがそれは、けっしてやめられた自分が偉いとかすごいとかいうものではない。そのときを狙って発せられたサインがすごかったのである。奇跡的な出来事が次々と、複雑に折り重なって起きた。

「シンクロニシティの波に乗る」という現象は、ふつうよい状況の人に起きるものなのだが、ある意味では、危機的状況の愚者にも「これ以上はどうにもならないぞ」と発せられることがあるように思う。

私は、「そのときどう動く」という相田みつをの言葉を瞬間的に思い出し、行動に出たわけなのだが、はたして私の人生は軌道修正され、魂はギリギリ救われたのであった。

中島義道もまた、哲学者として哲学塾を主宰するかたわら、多くの興味深い著書を上梓している。中島義道は一九四六年福岡県生まれ、東京大学法学部卒である。

私はその著書を数多く読んだが、そのなかから一部引用する。

ニーチェの不可解きわまる思想のうち、私がごく最近了解し始めたことがある。それは「何ごとも起こったことを肯定せよ。一度起こったことはそれを永遠回繰り返すことを肯定せよ」という「運命愛」と名づけられている思想である。つまり、私に起こったことすべてを「私の意志がもたらしたもの」として捉えなおすことだ。

（中略）

私の子供のころのはてしない苦しみが、大人になってからの私に「苦しみに耐える力」を与えてくれた。だから、私は子供のころの苦しみを愛さなければならないのだ。私が選びとったものとして、完全に肯定しなければならないのだ。先にも触れたが、ニーチェの「運命愛」の思想が私には実感としてわかるのである。

——『〈ふつう〉から遠くはなれて』中島義道著／青春出版社

氏もまた、苦しい人生を歩まれてきたのだと察せられる。東京大学卒業の後、ウイーン大学で博士号を取得し、哲学者として多くの著作を出版しているかたであってもそうなのである。

人生の織り成す機微と、そこに待ち受ける運命と、みずからが下す毎度の決断と、それによって自分がつくり出す現実と、そして魂の修練によって得る気づき。そのなかに、氏はニーチェのいう「運命愛」の真理に出会い、救いを得たのだろう。

次は、地球外生命体のバシャールとの対談を果たした坂本政道と須藤元気についてである。

坂本政道は一九五四年生まれ、東京大学理学部物理学科卒業後、カナダトロント大学で修士課程を修了し、ソニーやアメリカ企業SDL社で半導体開発に従事し、変性意識状態の研究に専念するため、二〇〇五年からアクアヴィジョン・アカデミーを設立して、ヘミシンクの普及に日々精励している。ヘミシンクについては後述する。

須藤元気は周知の方も多いだろうが、元格闘家で、その後スピリチュアルに関する多くの本を執筆し、スポーツ監督、俳優など多彩な活動を経て、二〇一九年に参議院議員となり、政治の世界で新たな可能性に挑戦しはじめたところである。

須藤元気とバシャールとの対談集『バシャール　スドウゲンキ』から引用する。

須藤　僕は政治の世界に興味があります。

バシャール　それはあなたの情熱に従ったことですか。

須藤　そうです。

バシャール　なぜですか。

須藤　僕が惹かれる人物は、みんなそういった政治的なことに携わっていたりするものですから。

バシャール　政治の世界に入るときには、次のようなエネルギーで入っていってください。つまり、他の人たちが変化するのにまかせる、変化を許容するようなエネルギーで入っていく、ということです。

「人々が変わるように闘う」という闘いのエネルギーで入るのではなく、あなた自身が「変化は可能なのだ」と身をもって示し、それによって人々

**が変わっていく。そんなふうに、人々の変化を許容するようなエネルギーで入ることです。**

――『バシャール　スドウゲンキ』須藤元気、ダリル・アンカ著／VOICE

これらの人々の著書から我々が学ぶべきことは非常に多いのだが、ここでは、コロナ禍に対する精神的テキストとなる「心四か条」に関連する部分を中心にみていく。多くの賢人たちが発信する言葉や信念が驚くほどに重なっていること、それぞれの立場の違いにも関わらず、同根の思想を抱いていることに気づくはずだ。

ではここで、ちょっと可愛らしい著者をご紹介しよう。

二〇一八年に出版され、多くの読者を感動させた『かみさまは小学5年生』の著者、すみれである。彼女は生まれたときから、神様や見えない存在たちと話ができる女の子である。可愛らしい、天使のような存在だ。彼女の著書を読んだ人は、大きな気づきと勇気を得ることだろう。その言葉の一部を引用する。

つらいことも幸せだ‼

人生は全部が幸せだ‼
「つらい」＝「幸せ」なのだ‼

そもそもつらいとはなんだ？

人間は、幸せにたのしく生きるためにいるのに、
つらいと言ってどうする‼

生きてることが幸せだ‼
動けることが幸せだ‼

世界には生きたくても生きれない人もいるし、
動きたくても動けない人もいる。

**でも、あなたは生きれてるし、動けている‼**
**それでも「つらい」と言うのはぜいたくだ‼**

**すごくつらくても　がまんしろと言っているわけではない。**

**ただ、あなたは「つらい」という人生を生きるために**
**この人生を歩んでいるのかを**
**もう一度考えてほしい‼**

――『かみさまは小学5年生』すみれ著／サンマーク出版

子供の心から発される純粋な思いと深い言葉が胸を打つ。困窮の世界となった今、多くの人に読んでもらいたい本のひとつだ。

明石家さんまが「人生、生きてるだけで丸儲け」と言ったのもまた、同根の境地からなのだろうと思われる。

では、同書からもう一か所引用する。絵本作家ののぶみが、すみれと対談している場面である。


（のぶみ）（中略）じゃあまず、かみさまと宇宙人っていうのは、どんな関係なの？

（すみれ）ふたりはお話できるよ。もし宇宙人が「地球に行きたい！」と思ったら一回魂になる必要があるから、一番上のかみさまにお願いするの。

（のぞみ）それでOKが出たら魂になれるのか。でもやっぱり「宇宙人にもどりたい！」ってなったら？

（すみれ）それはできない。ただ、魂も一回だけなら宇宙人になれるんだよ。

（のぞみ）でもそれも魂にはもどれないんだよね？

（すみれ）うん、もどれないよ。

（のぞみ）じゃあさ、宇宙人って言えばほら、地球で本をいっぱい出してるバシャールさんが言っていることはほんとう？

（すみれ）あの人はすごいよ。言っていること、全部がほんとうのこと。

（のぞみ）ちなみにあれは、かみさまの言葉を降ろしてるわけではないんだよね？

**（すみれ）　うん、あのおじさんが降ろしてるのは、宇宙人の言葉。宇宙人としゃべってる。**

――『かみさまは小学5年生』すみれ著／サンマーク出版

ここまで何度か紹介してきたバシャールについての見解である。

バシャールとは、地球の時間で三千年後の惑星エササニの多次元的存在だ。ダリル・アンカというハリウッドの有名特撮デザイナーを通して、過去三十数年間チャネルを続け、メッセージを伝え続けている。

**「本来の自分自身でいるために、ワクワクする気持ち、情熱に従って生きる」というコンセプトがメインメッセージ。発信されるメッセージはすべてパワフルなツールとなり、障害を創造的な挑戦へと変容させ、人生にポジティブな変化をもたらすのを助けている。**

――『バシャール　スドウゲンキ』須藤元気、ダリル・アンカ著／VOICE

いままさに世界に伝えたい言葉が、彼に関する書物から宝物のように引っ張り出されてくる。

新型コロナウイルスに対抗するための心の武器「心四か条」の考えかたの中心は、バシャールのメッセージである。

私はこの本を「今」書かねばならなかった。「時は今」だったのだ。

ここで、私の愛読書『思い通りになる人生　その時は今』から詩を引用する。


**「時は今」**


**お前はろくでなしか……いつになったらやるんだ。**

**いったい、何が起きなきゃならないのだ。**

**そのために、家族が死ななければならないのか。**

**会社がつぶれなくてはならないのか……**

**ガンの宣告を受けなければならないのか。**

学校を出れば……
いい職につけば……
結婚したら……
子供ができたら……
金ができれば……
運がめぐってきたら……

……そういって、一体何年経ったんだ。
そのうちそのうちと、延ばし延ばしでいったい何年生きてきたんだ。
時は今しかないじゃないか。
未だかつて、明日の朝、顔を洗ったことのある奴は
一人もいないじゃないか。

人は皆、自分の人生を考えることを延ばして、
周囲の事ばかり気にかけて

そして……批判をしている環境評論家ばかりじゃないか。
それを……周囲の人と調和しているのだと、トンチンカンな事を
言っているんじゃないのか。
それを……人のためといって自分をごまかしているんじゃないのか。
色々と言い訳を言って……環境に埋没してはいないか。

お前はいったい、いつになったら自分の人生を生き始めるのだ。

人のせいにする時は過ぎた。環境のせいだからといって、
それでお前の一生が不満に塗りたくられて、それで終わりでいいのか。
親のせいにして、不満足な自分で一生を過ごすのか。

何かのせいにする時は過ぎた。
過去はないのだ。お前が勝手に思い出しているだけではないか。
不満を改善するために……自分をより成長させるために

今、この時が与えられているのだ。

過去の妄想を忘れ、素晴らしい未来のために今を生きようではないか。

それをするのは他でもない。お前なのだ。

その時は「今」しかないのだよ。

——『思い通りになる人生　その時は今』村松智文著／サモデ出版

この詩は氏曰く「あるとき突然に湧いてきたもの」だという。困窮したときに、天からの啓示の如く降ってきた言葉で、それをまるで自動書記のように、すぐに書き留めたらしい。

会社の事業が行き詰まり、社員たちが帰宅した後、一人きりになった事務所での出来事でした。

私は万策尽きて、本当にどうしてよいかわからなくなっていました。

**そして、机の上に両手で頭を包むようにうつむいて、「まいったなー」と、ため息をついた時のことでした。**

**その時、大きな木槌で脳天を思い切り叩かれたように突如、この詩が湧き出てきたのです。**

**私は、詩人ではないですから普段、詩など書いた試しがありません。**

**ですから、恐らく私の守護神か誰かが私を叱ったのでしょう。**

**私には、時々そのようなことが起こるのです。**

**そうだ、そうだと涙と共に湧き出てきたのです。それをすぐに書き留めました。**

(http://www6.plala.or.jp/crpdm/html/timenow.htmlより)

過去も未来も実在しない、いまここに在るのは「今」だけ。「今」を懸命にポジティブに、情熱を持って歓びと共に生きよう、という考え方は、まさにバシャールのメインコンセプトだ。

今日という日を大切に、感謝して生きようではないか。

「あなたがなんとなく生きた今日は、昨日死んだあの人が、あれほど生きたいと願った明日」

ネイティブアメリカンの言葉である。

では、ここで我が国の過去の書物を紐解いて、さらなる検証を重ねてみたいと思う。

大本教の教祖出口王仁三郎が予言し、岡本天明を通じてあらわされた『日月神示』については多くの書物が出されている。ここでは『2012年の黙示録』から引く。

**それでは、次に我が国最高の予言者である「日月神示（ひふみ神示）」に目を通してみましょう。日月神事は、黒住教、金光教、天理教、大本教と続く神道系の宗教団体の教祖に、リレーするかのように降ろされた神示のアンカーだといわれています。その出現が当時の大本教教祖の出口王仁三郎によって予言され、やはり大本教にかかわっていた岡本天**

明という人物を通じて自動書記の形で表されたものです。（中略）

神にささげずにむさぶるからメグリつむのじゃ。メグリが不運となり、病となるのぢゃぞ。運ひらくには食物つつしめばよい、言葉つつしめばよい。

メグリはカルマのことです。自分の言葉や食べ物、想念などの波動によって、その波動がつくり出す世界を体験することになります。つまり、病気などの不運となって巡ってくるというわけです。

その人間にメグリなくてもメグリ負うことあるぞ。人類のメグリは人類の誰かが負わねばならん。一家のメグリは一家の誰かが負わねばならん。果たさねばならん。

人類や民族、国家、先祖などのカルマも背負う必要があるということは、前章で述べてきた通りです。仏教にも同じような教えがあります。

**メグリというのは自分のしたことが自分にめぐって来ることであるぞ。メグリは自分でつくるのであるぞ。他を恨んではならん。祓《はら》いせよと申してあることは何もかも借銭《しゃくせん》なしにすることぞ。借銭なしとはメグリなくすことぞ。昔からの借銭は誰にもあるのざぞ。それ払ってしまうまでは、誰によらず苦しむのぞ。人ばかりでないぞ。**

――『2012年の黙示録』なわふみひと著／たま出版

ここまで多くの賢人たちの著書や史書、地球外生命体からのメッセージを検証してきたが、「日月神事」に昔から書かれている内容についても考えさせられることが多くあった。自分が「現実」をつくり出していること。しかも、言動や食べもの、想念などの波動によって、その波動がつくり出す世界（現実）を体験するようになり、巡ってくること、そして、人類や国家などのカルマも背負うことがあること。

現代社会は富の偏りと、行き過ぎた資本主義（拝金主義）の行き止まりに直面し、自国第一主義（ナショナリズム）の横行や、温暖化問題などの地球環境問題への軽視、自己保身のために意見の違う個人を封殺し、公然と嘘を押し通す指導者の出現など、歴史上稀にみるネガティブなラインナップであるといえるだろう。

しかし、この現実をつくり出したのも私自身なのだ。いまは、気づきを得てこの災難を何とか乗り越えなければならない。

「心四か条」を武器として、錦の御旗にして、マインドのよりどころにして、我々は明るい未来を想起して、日々をポジティブに生きていくのだ。


国民、市民のことを考え続け、汗をかいて行動している政治家や指導者や専門家たち、また、医療現場で危険と隣り合わせのなか、奮闘されている医療従事者たち、一日もはやくワクチンと薬を開発しようと昼夜を問わず研究する人たち、そして、経済活動が急速に収縮するなかで、大きなお金を借りてでも、なんとか雇用を守ろうと必死の事業主たち、職を失い職探しに奔走する人など、日本という国で、もしくは世界中で、突然訪れた強烈な苦境に耐えて生きている人々は、ほんとうは知っているのだ。

尊い命を奪われた多くの方々やそのご家族、そして今まさに闘病中のたくさんの方々に心からの弔意とお見舞いの気持ちを抱き、自分たちが勇気をもってコロナ禍に立ち向かい、明るい未来を創造することこそが、皆が報われる道だということを。

では、実際に「心四か条」に則ってコロナ禍に立ち向かうためには、どういう指針で行動すればよいのだろうか。これは簡単にいうと次のようになる。

1「アクティブ・ディフェンスの実行」(積極的防衛)

毎日の仕事や生活のなかで、新型コロナ感染予防に積極的に取り組み、安心した日々を送れるよう努力する。

2「ポジティブな考えで、アクティブには動かず」

心は前向きに、しかし可能な限り外出行動や人との接触は控えめに。

3「D－デーを楽しみに日々を過ごす」

D－デーとは，第二次世界大戦の趨勢を決めたノルマンディー上陸作戦の別称である。コロナ禍に対する勝利を、ヨーロッパの解放、世界の自由主義の勝利になぞらえて、一年後程度先にD－デーを設定し、そこに向けて、一か月、一週間、一日を無事に生き抜く術を考え、楽しみながら集中して生きる。「備えあれば憂いなし」の精神をもつこと。

4「今だからこそできることを実行する」

このようなときだからこそ、できることもあるはずだ。

コロナに罹患しないことは大前提で、迷わず躊躇せず恐れず、ワクワクしながら実行していこう。

これが、「心四か条」をもとにした「行動四か条」である。

ここまで述べてきたなかで、ニーチェの「運命愛」について触れた部分があったが、「行動四か条」にもまた、ニーチェの論述と符合するところがある。

**わたしたちは歴史というものを自分とはほとんど関係のない遠く離れたもののように思っている。あるいは、図書館に並んだ古びた書物の中にあるもののように感じている。**

**しかし、わたしたちひとりひとりにも確かな歴史があるのだ。それは、日々の歴史だ。**

**今のこの一日に、自分が何をどのように行うかがこの日々の歴史の一頁分になるのだ。おじけづいて着手せずにこの一日を終えるのか、怠慢のまま送ってしまうのか、あるいは、勇猛にチャレンジしてみるのか、きのうよりもずっとうまく工夫して何かを行うのか。その態度のひとつひとつが、自分の日々の歴史をつくるのだ。**

――『超訳　ニーチェの言葉』フリードリヒ・ニーチェ著／白取春彦編訳／ディスカバー社

「時は今」の詩とも見事にシンクロし、美しい旋律でハーモニーを奏でているのがわかっていただけると思う。

「心四か条」「行動四か条」にのっとり、コロナ制圧の日、D－デーに向けて期待と希望の日々を過ごしていこう。この二つの決めごとをつねに「心の武器」にして、よりどころにしておくことで、安心感ももたらされるはずだ。なにかの教えにも「道に迷ったら、もとの場所に立ち帰れ」とあった。よりどころとして、あるいはテキストのようなものとして、この二つの決めごとを持っておくことで、しっかりとした安心と安定感が得られるだろう。

先ほどの本から再びニーチェの言葉を引用する。

いつもの自分の生活や仕事の中で、ふと振り返ったり、遠くを眺めたときに、山々や森林の連なりやはるかなる水平線や地平線といった、確固たる安定した線を持っていることはとてもたいせつなことだ。

それらは単なる見慣れた風景にすぎないかもしれない。けれども、その風景の中にあるしっかりと安定した線が、人間の内面に落ち着きや充足、安堵や深い信頼というものを与えてくれるからだ。

誰でもそのことを本能的に知っているから、窓からの風景を重視したり、セカンドハウスの場所を自然に近いところに選んでいるのだ。

——『超訳　ニーチェの言葉』フリードリヒ・ニーチェ著／白取春彦編訳／ディスカバー社

そういえば、バッターボックスでバットを片手で差し出すときのイチローは、スコアボードの定点を指して凝視することで心を安定させていたのだそうだ。あの独特の姿はそのためのルーティンワークだったと後に述懐していた。

では、日月神示に戻ろう。日月神示は記号のような難解な書記だったのだが、のちに中矢伸一らの研究家が解読し、さまざまな内容が読み解かれている。


**一日十万、人死にだしたら、いよいよ神の世が近づいたのざから、よく世界のことを見て皆に知らしてくれよ。**

**（中略）**

**今に大きい息も出来んことになると知らせてあろうが。その時来たぞ。岩戸がひらけると言うことは半分のところは天界となることぢゃ。**

**（中略）**

**寒いところ暖かく、暑いところ涼しくなるぞ。**

**心せよ。雨、風、岩、いよいよ荒れの時節ぢゃ。世界になんともいわれんことが、病も判らん病がはげしくなるぞ。**


——『2012年の黙示録』なわふみひと著／たま出版

昭和十九年から昭和三十六年までのあいだ、岡本天明の身を通して自動書記によって降ろされた、天啓である日月神示には、ここに引用したとおり、現在のコロナ禍を見透かしたように言い当てている箇所が多数ある。

さらに、世界は変事ののち弥勒菩薩の力を得て「ミロクの世」が出現すると告げている。このほかの書籍やメッセージでもまた、同様の物事に対して、地球の次元上昇（アセンション）が起きるとか、振動数が増幅して第三密度から第四密度へと上昇するといった内容が書かれている。

予言者でもある出口王仁三郎については、飯塚弘明が運営するサイト「王仁三郎ドット・ジェイピー」が詳しい。ここから、興味深い記事を引用する。

**明治四年七月十二日（旧暦）に生まれた王仁三郎は、昭和三年三月三日（旧二月十二日）に五十六歳七か月を迎えました（旧暦で数えてください）。**

**王仁三郎は神業上、瑞の身霊（みづのみたま）・変性女子という役割をしており、また、釈迦滅後五十六億七千万年後に弥勒菩薩が出現するという仏説に因んで、王仁三郎は「五六七」と書いて「みろく」と読ませています。**

弥勒（マイトレーヤ、救世主）の神業を行う王仁三郎が、女の子の節句である雛祭りの日に、しかも瑞（みづ、三つ）に因む三が三回並ぶ日に、ミロク（五六七）に因む五十六歳七か月を迎えたというのは、実に不思議です。

このようなことは人為的・作為的に出来ることではありません。明治天皇と大正天皇の崩御による改元と、明治五年十二月三日のグレゴリオ暦への改暦（この日を六年一月一日として改暦された）がなくては、三三三の日に五六七になることは不可能です。つまり帝国政府がグルにならなければ出来ないのです（その帝国政府が王仁三郎を弾圧したのです）。

(https://www.onisavulo.jp/modules/ond/index.php?content_id=67より)

「数運」による検証では、奇跡的に五六七（ミロク）の数字が揃ったということになる。釈迦滅後五十六億七千万年後に出現する弥勒菩薩のこともさることながら、数字的に符合する日に五十六歳七か月を迎える王仁三郎のことにもおどろいた。

しかし、私がもっともおどろいたのは、日月神示にある「五六七（ミロク）の世」、これは人類史上、類い稀な苦境「病も判らん病」を経てようやく顕現する世界のはずであるが、この五六七が「コロナ」とも読める事実である。

世のなかに「偶然の一致」というものは存在しない。「すべてのことが必然」と考えれば、因縁は明らかと言えるのではないだろうか。

次に紹介するのは木内鶴彦だ。彼は航空自衛隊員だった二十二歳のときと、退官して数々の彗星を発見し、中国で講演会を開いていた五十五歳のときの、二度にわたって生死を彷徨い、そこでいわゆる「臨死体験」をした。この体験は、先に述べた立花隆の著書『臨死体験』にも詳しく紹介されている。

彼が臨死体験したときに見たもののなかに、ピラミッドの秘密がある。当時の技術の内容だ。ピラミッドの大きな礎石が少しの隙間もなく積み上げられている秘密を語っていた。

彼と対談した保江邦夫の著書『神様につながった電話』から紹介する。

**木内さんは航空自衛隊で運行管理の仕事をしていた二十二歳のときに、三十分間死亡した。**

**臨死体験である。その死亡診断書もちゃんとある。死んでから三十分間、自分の遺体の周りで親兄弟、親戚がわんわん泣いている。木内さん本人は遺体と違う離れた場所にいて、**

その騒ぎをじっと見ている。同じ病室にいるのに、誰も自分に気づかない。おれはここにいるよと一生懸命に呼びかけても、誰も気づかない。遠くにいる友達のことを「どうしているかな?」と思うと、すぐに一瞬で友だちがいる現場に行くことができた。何度もそれをやっているうちに楽しくなってきて、「ひょっとして過去にも行けるのかな」と思いつき、過去にも行ってみた。

たとえばピラミッド。あれがどのようにして造られたのか、以前からずっと真実を知りたいと思っていた。だからこのチャンスとばかり、木内さんは定説どおりの四千年前のエジプトに行ってみた。でもすでに工事は完了していた。そうか、もっと古い時代の建造なんだと思って、工事をやっている最中とおぼしき六千年前のエジプトに飛んだ。そこで、巨大なあのピラミッドがどういうふうに造られたのかをつぶさに見て、彼は納得した。

何百トンもある巨石を、当時、反重力エネルギーという技術があったとしか思えないほど、簡単に持ち上げ積み上げていた。また巨大な岩石は、鑿《のみ》やカッターで切り出されたものでなく、岩を細かく砕いて粒子状にして、それを立方体の型枠に入れ、特殊な薬剤を加え結晶化させるという方法で造られたものだった。だからきわめて正確なサイズとしてでき上がり、カミソリの刃が入る隙間もないほど密に重ね合わせることができた。

**僕も以前からピラミッドの建設については人一倍関心が深く、反重力、岩石の粒子化、薬剤による結晶化といったピラミッド建造の見聞を拝聴して、なるほどそうだったのかと大いに納得した。彼の話にどんどん引き込まれていった。**

——『神様につながった電話』保江邦夫著／風雲舎

ちなみに著者の保江邦夫は、私と同郷の岡山の出身である。東北大学で天文学、京都大学大学院および名古屋大学大学院では物理学を学び、ジュネーブ大学では理論物理学の講師として教壇に立ち、現在はノートルダム清心女子大学教授の理学博士である。そうそうたる経歴を持つ著者が、臨死体験や反重力、タイムスリップのような内容まで肯定しているのである。

このような事象を直視し、考え方を理解している人々について、「知識が足りない」とか「学がない」とか「常識に欠ける」などという批判をするのはまったく的外れだといえるだろう。

ここで言及された巨石文明については『バシャール×坂本政道　人類、その起源と未来』にも記述がある。

**坂本**　では、巨石文明というのがありますね。ピラミッドの一番下のほうにもすごく巨大な石がありますが、そういう巨石の文明は、昨日のお話にあったような異星人とのコンタクトでつくられたのでしょうか。

**バシャール**　そのような巨石構造をつくるための理解は、異星人からもたらされた場合もあれば、アカシックレコードにアクセスする方法を異星人や別次元の存在たちから教えられ、人類が直接アカシックレコードから情報を得た場合もあります。

**坂本**　あまりにも巨大すぎて、ふつうの力では動かせないだろうと思いますが、具体的にどのようにして造ったのか、その方法を教えてください。

**バシャール**　もっとも初期の構造物は振動を使ったテクノロジー、技術によって造られています。彼らは音と光の異なる振動をつくることによって岩を浮揚させる、浮かび上がらせる方法を教えられたのです。

ただし、それはもっとも太古の構造物の場合だけです。その後、その知識はほとんど失われてしまい、それ以降は肉体を使った非常に困難な労働によって造られました。

だからこそ、後にできた構造物には太古の時代の構造物のような効率のよさも精密さもないのです。

坂本　その場合の、もともとのオリジナルの部分が今残っている構造物としては、ピラミッドなど、具体的にどのようなものがありますか。

バシャール　先ほどのエジプトのギザにある一番大きなピラミッドはそのひとつです。バールベックの基礎石もそうですし、ペルーのティワナクにある古代の建造物のいくつかもそうです。

坂本　ほかには？

バシャール　（歯を2回カチカチ）お待ちください。

たとえばマチュピチュのような、インカのもっとも初期の構造物のいくつかもそうです。ただ、あそこは初期の技術とそれ以降の技術の組み合わせです。後の技術には初期のような精密さはありません。

坂本　確かに、下のほうは大きい石が緻密に組み合わされて造られているけれど、上のほうは小さな石を並べた構造物があると本に出ていました。

バシャール　そうです。インカの太古の石にはとても正確な多面体の石があります。それには、このような振動のテクノロジーに加えて、古代の化学のテクノロジーも使われています。ある植物の汁を使って軟らかくした石を振動によって移動していきました。そして、まるで粘土のように石どうしが隙間なくくっつき、その後、硬くなったのです。

――『バシャール×坂本政道　人類、その起源と未来』坂本政道、ダリル・アンカ著／VOICE

木内鶴彦が一九七六年に臨死体験し、過去に飛んで見聞してきたピラミッドの話と、バシャールが二〇〇九年に坂本政道との対談で話したピラミッドやインカの「太古の巨石構造物のつくりかた」は酷似しているとわかる。

しかも、バシャールをチャネリングするダリル・アンカは世界中を行動している身であるから、木内鶴彦の個人的な体験をどこかで読んでいたという可能性は限りなく低い。さらに、この対談でバシャールは、巨石を運ぶときの浮遊術についても詳しく述べているのだ。これは偶然ではないだろう。

坂本政道は、ソニーやアメリカの企業で半導体開発の技術に携わっていた経験から、ピラミッドの仕組みと本当の役割などについて、エンジニアとしての専門的知識をもとにバシャールの言葉を聴き取っており、対談を興味深いものにしている。

また、坂本は日本におけるヘミシンクの第一人者として、ヘミシンクの普及に尽力している人である。ヘミシンクとは、そもそもはアメリカのロバート・A・モンローによって開発された方式で、独自の音響技術を使ってさまざまな変性意識状態を体験できる方法である。死後世界の探求や、光の存在との出会い、過去生体験、知的生命体との交信、意識の源への旅など、我々の理解をはるかに超えた未知の旅をすることができるという。

ロバート・A・モンローの設立した「モンロー研究所」は、アメリカはもちろん世界中に多くの受講生を持っている。そのなかに坂本政道やブルース・モーエンといった人たちがおり、彼らは著書でヘミシンクの魅力と意義を世に伝えている。

人は生まれてきた時点で全員が死を保証されている。

しかしながら「死後の世界」あるいは「死そのもの」について我々はなにも知らない。

である。

もしくは知ろうとしない。なぜなら、人は自分のわからないことは恐れて回避するからである。

しかし、死を直視し、みずからの死生観を構築したいと考える人たちが多くいるのも事実だ。そのためにはまず知ることが重要であろう。

私は、死後の世界を知る方法は三つあると思っている。

一つ目は、先に紹介した「臨死体験」をすること。もしくは臨死体験した人の話を聞いたり、著書を読むことである。これについては、立花隆、木内鶴彦、レイモンド・ムーディー、エリザベス・キューブラー・ロスなど多くの著名人のベストセラーが世界に存在しているので、参考になるだろう。

二つ目は、アメリカのモンロー研究所、もしくは坂本政道が主宰するアクアヴィジョン・アカデミーで、ヘミシンクの体験をすることである。

ブルース・モーエンの著書『死後探索』を読んでみるのもいいかもしれない。体験できなくとも、多くの知識を得ることになる。

そして三つ目は、実際に死んだときに知る、ということだ。

さて、死を体験すればたしかに死を知ることができるとはいえ、なかなかどうして現実的ではない。そこに、今までとは違った別のアプローチをするのが、先にも紹介したブライアン・ワイスの「催眠療法」だ。これによって、前世の自分を目撃し、そこからのメッセージを知るという貴重な体験ができる。その体験をした人たちのほとんどが、今世の人生に大きな価値と、喜びと、新たな生きがいを見出しているという。

二〇一八年に私もセミナーに参加したのだが、まず驚いたのは、セミナー参加者の数の多さだ。整理券を持って会場に入るのだが、長蛇の列で入場までかなりの時間を要した。

ワークショップがはじまると、おもむろにブライアン・ワイスはペットボトルを手にして、ひとくち水を飲んだ。そして言った。

「この行為に霊的な意味はありません」

ワークショップは朝の十時から夕方十七時まで、昼休憩を一時間半はさんで二日間おこなわれた。催眠療法をしてもらいたい人が手を挙げ、博士の指名で登壇し実施される方式である。一人目は香港から来たという若い女性であった。自分のなかに、なにか言い知れぬ不安を抱いているようにも見えた。しかし、催眠状態に入った彼女の口から語られた前世の景色と物語は、とても感動的な内容のものであった。みずからの前世を見て「気づき」を得たその女性は、今世の人生を深く理解し納得したのであろう、降壇するときには一筋の涙が頬を濡らしていた。彼女は過去生を見たことで、前回の自分の人生においては「孤独だったけれど、自分の魂は忍耐を学んだ」という事実を知った。

他にもさまざまなことがおこなわれたが、なかでも皆がいっせいに催眠退行し、みずからの過去生を見る時間で、私ははじめて、自分の頭のなかのスクリーンにイメージがあらわれるという体験をした。

送られたメッセージは「会う」「愛」「緑」で、光の色は「緑色」だった。みずからの過去生についてイメージを巡らせると、アメリカの騎兵隊のような兵士の行進シーンがあらわれた。服装はブラウンとホワイトの制服姿だった。

さらに、また別の時代の人生だと思われるが、欧米のどこかの空港発着ロビーの景色になり、家族との別れのシーンを見た。

最後に見たのは、どこかの人生での終わりのシーンであった。出窓がある狭い部屋で、数人の家族がベッドに横たわる誰か……その時代を生きた私だろう……に、別れを告げているような風景だった。

ワークショップのあいだには、氏の貴重なお話を聴く時間もあった。そのときの内容を、私のノートから少し紹介する。

・「恐れ」や「怒り」は手放すこと。それらは、喜びや幸せを破壊するので手放しなさい。
・「罪悪感」は「自分の内への怒り」である。手放すこと。
・「執着心」や「結果への執着」は手放しなさい。やりすぎはダメということ。
・「どこから怒りがくるのか」を見つけて、それを手放すこと。
・「恐れ」「怒り」と同様に「ストレス」「フラストレーション」も喜びを壊すものである。
・「退行催眠」ではみずからの「ハイヤーマインド」が、自分を過去生か子供時代に戻らせる。
・輪廻転生の文献がもっとも揃っているのは実はバチカン図書館である。キリスト教に輪廻転生の教えがないのは、五世紀のローマ皇帝グレゴリウスが意図的に取り除いたから。(氏の著書のなかで、「今世で悪しき生き方をしても、また次の人生があるから大丈夫」というような考え方を、統治上皇帝が忌避したためだと説明されていた)

・イゴールとは、転生する必要がないのに転生し魂の助けをしている存在。
・チャクラとはエネルギーの輪で、いろんな色を出している。
・すべての宗教の統一は「愛」である。
・氷は熱で変化するが、人は愛で変化する。
・未来は無限にある。なぜなら宇宙が無限に無数あるからだ。ゆえに人の行動には無限の可能性がある。
・「あらゆるもののなかに神を見る」ことが大切。細かい対処法を探して解決することよりも、「すべては愛である」という真理を理解すべきである。

氏の本からも同じ考えが伝わってくることと思う。これらの教えを、今まで述べてきた賢人たちのメッセージと比較してみてもらいたい。ほとんど同じことを言っているのに気づくだろう。

真理とはそういうものなのだ。賢人たちは、それぞれ私たちの理解しやすいように、言い方を変えているにすぎない。

であるから、現在、我々が直面している「新型コロナウイルスの世界的蔓延」という地球全体の危機においても、こうした真理、摂理が宇宙に存在すると知り、理解することが大切なのだ。一人でも多くの人が気づくことで、状況は一気に好転するはずである。

さらに氏は、ドン・ミゲル・ルイスの著書『四つの約束』からの引用を交えて、次のように述べた。

「私たちは必ず自己批判する。また周りの人から批判される。しかしそれはすべて、批判している側の人たちの問題である。批判される側の者の問題ではない。自分を完全に愛すること。問題は批判する側にある。子供時代の大人からの批判は、大人が子供に自分を投影して批判している。自分みずからを「自己愛」で満たすことが大切。まずこのことができなければ、他者を愛することはできない。そして繰り返し言うが他人の批判を受け入れてはいけない。なぜならそれはその他人の問題だからである」

「未来は幾通りもの可能性がある。小さい選択で人生は大きく変わる。人生で人は「愛」「やさしさ」「慈悲」を学ぶことが大切だ。インドの賢人、パラマンサ・ヨガナンダを学び、死とは偉大な教訓を得るための経験であること、魂は死なないこと、私たちは魂であって肉体ではない。体よりも前に霊が存在していた、という気づきを得よう」

「最初の魂はこう言う。『今度は誰を愛そうか?』と。『終わりははじまりに過ぎない』。したがって我々は今を生きている。過去は終わったこと、教訓をそこからもらって手放せ。未来はまだない、恐れるな。心配するな」

「目の前の紅茶を楽しみなさい」


ワークショップと講話は交互に進行し、二回目の退行催眠のときには、また違った光景を見ることができた。別のワークショップでは、照明を幾分落としてから隣の人と顔を正視しあい、時間をかけて、お互いの表情の変化を探るという体験をした。

私の隣は年配の女性の方で、その顔は、最初は丸みを帯びて仏様のように見えた。しかし、見つめていると顔が変化していき、北海道に住む叔母とそっくりに見えてきた。そして最後は若い女性の顔になった。

私の顔の変化について聞いてみると、最初は口元の優しい丸顔だったのが急に眼力のある顔に変わり、二回目が光ったらしい。その後は肉づきのよい丸顔になり表情も明るくなったが、顔が長くなって、穏やかな女性の口元に変化し、微笑みを浮かべた。その直後、また目が光り、最後は真一文字の口で厳しい男性の表情に変わった、とのことだった。

不思議に思われるかもしれないが、これは本当に起きたことだ。

さらに別のワークショップでは、隣の人とそれぞれの身につけているものを交換し、それを持った状態で瞑想して、見えてくる景色を伝えあうという体験をした。そうすると、相手の過去生を見ることができるという。このワークの効果については、説明を待たずして私は驚きとともに知ることになった。

私は二日目、真ん中やや前よりのいい場所をキープした。隣にはまったく知らない年配の女性の方が座られた。その人と身に着けている品を交換し、瞑想して出てくる景色、ビジュアル的内容を伝えあうことになった。

私はまず、彼女の携帯を手にして瞑想した。最初に浮かんできた景色は、チューリップが咲いている噴水のある公園で、誰かが犬を散歩させているようであった。後で確認したところ、その女性はガーデニングをしていて大きな猫を飼っているという。「近からず遠からじ」な内容であった。だが、これが現在の風景ではなく過去生だとするとまた違った意味が出てくる。

次に浮かんだのは、女の子とアートである。確認したところ、女性にはアート好きの娘さんがいた。

そして、緑色の山々に囲まれた宿舎っぽい建物が見えた。これについても、彼女は自然の豊かな山のある地方へ引っ越しされたというから、事実と符合する。

最後に目に浮かんだのは、海に浮かぶ大きな船と灯台のある昼間の景色だった。これについては、現生でシンクロする要素は見当たらなかった。

ワイス氏の本で、退行催眠による前世への訪問についていくつも事例を読んでいたが、実際に自分が相手の前世、もしくは現生の景色を見るなどということははじめての体験だった。

しかし驚いたのはここからである。私と同様に瞑想をした女性は、私の前世について、その景色を見て、声を聴き、さまざまなことを感じてくれたのである。

瞑想の前に私の所持品を女性に渡すのだが、考えた結果、最初に渡したのは眼鏡だった。そのとき彼女が見えたものは「崖のような海」だったという。

その直後、私はなぜか「腕時計を渡すのがいい」と感じた。もしかするとそれは自分以外の声だったのかもしれないが、私はそのようにした。

すると、そこから彼女は深い催眠状態に入っていったらしく、私の過去生に関する多くのことを見聞して帰ってきてくれたのである。

彼女が見たのは海と砂浜、そしてその横に広がる野原だった。もしかしたらそれは先に見ていた「海と崖」の延長にある風景だったのかもしれない。遠くで子供が遊んでいたが、海には入っていなかった。

私は子供のころから海に連れて行ってもらうのが大好きだった。しかし泳ぐのはプールも含めてあまり得意ではなく、カナヅチではないが決して上手とは言えなかった。水に対する恐怖心が人一倍強かったように感じる。極端に言えば、風呂に顔をつけたり、朝起きて顔を洗うのでさえ普通の子より臆病だった。水族館で、サメやエイの大きいのが泳いでいるのを見たときの恐怖心と好奇心は今でも強烈に残っている。どこかの生で、海を漂流したとか、そういうことがあったのではないかと疑っていた。彼女の海についてのビジョンは、私の海に対する感覚を映したかのようではないか。

次に彼女が目にしたのは、過去生の私がピラミッドで書記官として働いている姿だった。ピラミッドの頂上からエネルギーを出し、宇宙と繋ぐ役割をしていたらしい。

さらに彼女はそこから広大な宇宙へと視野を広げ、旅に出てくれた。そして、その暗黒の宇宙のなかに一つの惑星を発見した。彼女は、きっと地球だろうと思って近づいたが、おどろいたことにそこは「人口の惑星」だったのだ。


ここで、私のことを少し詳しく述べておく。

私は倉敷で会社を経営しており、仕事上で大きな障壁にぶつかった事を契機にタバコをやめ、ギャンブルもやめ、今ではお酒もやめ、みずからの心身と向きあうことに重きを置くようにした。その一環として、貪るように多くの賢人たちの本を読んだ。

そのころからはじめたのが「絵を描く」ことだった。小さいころから、真っ白な画用紙に絵を描く夏休みの宿題が大好きで、そのことを素直に思い出して、すぐに画材屋まで出かけ「はじめの一歩」をスタートさせたのだ。

そう、絵を描くということ。それをここでお話ししないと、先ほどの「人口の惑星」に戻れない。

この本に連綿と書き連ねてきた「地球の危機」や、スピリチュアルな内容と、私の描いてきた絵はコンセプトが全く同じなのである。この本にも少しばかり載せたので、興味のある方は調べてほしい。（※表紙にも私の作品『ＳＴＯＲＭ』を使用した）

私の絵は、宇宙への脱出を主たるテーマにしている。背景にあるのは、地球に対する人類の傲りと、軽視による問題である。世界中が直面している危機的状況に際して、まるで現代のノアの箱舟のように、科学の粋を集めた「人口惑星」に移住して人類は難を逃れようとする。しかし、原発でも苦汁をなめたように、人口惑星の航行の前途にはエネルギートラブルなど、多くの不安要素が影を落とすのである。

私はこのテーマで、現代の人類の考え方と行動に対する問題提起をし、文明に対する一種のアンチテーゼとして、一貫して絵を描き続けている。

大きいものは一三〇号と言って、ハガキ百三十枚分の大きさで、一六〇×一九〇センチほどのサイズだ。それだけでも四〇枚ほど描いており、小さいサイズのものも入れると二百点ほどは描いてきただろうか。それらはすべて「人口惑星」を描写し、科学の力の無力さと地球という星のすばらしさを際立たせている。

私の絵のコンセプトはまとめると次のようなものだ。

右「漂流する文明」（一部）
上「漂流する文明Ⅲ」

国展（国立新美術館）に展示された130号の作品の一部。
いずれも、自然破壊や行き過ぎた資本主義、人口爆発や地球温暖化問題、科学への盲信やそれによって生じる疫病など、精神世界に目を向けなかったことで、地球を脱出せざるを得なくなるという近未来を描いている。

詳しいコンセプト、他の作品など、詳細については下記ホームページへ。
［個人HP/URL］http://www.t-wakaba.jp/

キャンバスを宇宙としてとらえ、そこに「人生に絡まり存在する幽玄微妙なる宇宙真理」を映し出そうとするとき、みずからのイマジネーションは昂揚し、高次意識（無意識）のなかから授かるものが出現する。

「今」を感謝し、大切に生きようとするなかで生じてくる焦りや矛盾を、エッジの効いた細密描法で表現するとき、集合意識で結ばれた一つずつの「個」の集大成である万物に共鳴し、想念は「空」となり、「波動」は細やかになり、「常の心」で満たされる。


これらの内容を踏まえると、隣のご婦人が私の過去生を見ようとして、暗黒の宇宙に浮かぶ「人口の惑星」を目撃した、という事実に驚きを隠せないのである。

彼女はさらに、そのとき、何度も何度も頭のなかで一つの言葉を聴いたという。その言葉は最初「サンタクロース」と言っているように感じたらしい。しかしよく聴くと「セント・ジャーメイン」と言っていたというのだ。

彼女は、その言葉の意味を知らなかった。彼女もわからないが、私にもさっぱりわからなかった。

次に彼女が見たのは高層ビル群だった。これになんの意味があるのかはわからない。ひとつだけ言えるのは、私は子供のころから、高層ビルが大好きであったことだ。新婚旅行で行ったロサンゼルスなどでは高層ビル群をハイウエイから見るのがなにより楽しみだった。

最後に彼女のイメージに浮かんだのは「お茶」と「白いバラ」だった。

これは、私の亡くなった祖父が風流人で、毎朝お抹茶を立ててくれて、皆でいただくという暮らしをしていたことと関係しているように思えた。祖父の家の庭の入り口にはガーデンアーチのようなものがあって、そこには赤や白のバラが咲き誇っていたからだ。

以上が、婦人の見た私の過去に関するイメージである。もちろん、その方は私の絵画についてもなにも知らないでそれを見たのである。

私は休憩時間に妻と合流するや、ランチもそこそこに聴き取った内容を調べまくった。

そして背筋に電気が走るような衝撃を受けた。キーワードは「セント・ジャーメイン」である。

セント・ジャーメインとは、サン・ジェルマン伯爵のことだった。十七世紀末から十八世紀にかけてフランスを中心に「化学者」「実業家」「音楽家」「画家」「占い師」など、幅広く活躍した貴族だ。自身の過去生の記憶を持ち、幽体離脱によって世界各地を旅したといわれる。

フランス革命が起きる十五年前にそのことを予言し、マリー・アントワネットに忠告していたとも、不死身であったともいわれ、近年でも世界各地で目撃情報がある。

なるほど、そのような立派な方が今では精霊かガイドとして、人類のためにアドバイスを送ってくださっているのであろう。

自分との共通項を無理やり探してこじつけてみたが、自分も経営理念を抱く実業家で、趣味程度に絵を描き音楽を楽しむ、くらいだろうか。あとは……これを言うのは非常に恥ずかしいのでやめようかと思ったけれど、勇気をもって言うと、彼の肖像画が私の若いころに非常によく似ていた。

フランス革命が起きる十五年前にそのことを予言し、マリー・アントワネットに忠告していたという点も興味深い。それのなにが私に関係あるのかというと、フランス革命の起きた日、七月十四日は、私の誕生日なのだ。

その後も、セント・ジャーメインとは不思議な出会い方を繰り返した。
今回この本を執筆するにあたって、あらためてセント・ジャーメインを調べてみたところ、「SPIBRE」というサイトで、「聖ジャーメインの五つの不思議な能力について」という記事を見つけた。以前は見当たらなかった記事なので、ふとアップされた日時を見て驚いた。二〇一九年七月十四日である。記事にはこうある。

世の中には「聖人」と呼ばれる徳の高い人格者が存在しています。
しかしその聖人とは少し違うにもかかわらず「聖ジャーメイン」と呼ばれていた不思議な人がヨーロッパに存在していました。彼は、スピリチュアルな世界にもたびたび登場しています。（中略）
本来宗教に関係した人たちが聖人と呼ばれることが多いのですが、フランスのサンジェルマン出身のこの聖ジャーメインは宗教とは関係なく、数々の不思議な能力を持ち、不思議な行動を取ったことでよく知られているようです。

(https://spirituabreath.com/seigermain-5827.htmlより)

そこで私は、ワークショップで隣のご婦人が伝えてくれた「セント・ジャーメイン」とは、聖ジャーメインという高貴な精霊が私になにかを囁いてくれたのではなかろうかと考えたのだ。

もしそうであれば、私にとって、これほど勇気をもらえる出来事はない。仕事で「人生の落とし穴」に落ち辛酸をなめた自分が、無意識に読み漁った多くの書籍から得た「気づき」や、「地球をなんとかしなければ」という思いで描き続けてきた絵画作品が、高貴な魂の存在である聖ジャーメインに「よし！」と言ってもらえたような気がするからである。

この本の執筆も勇気をもらって書いている。そのために「本を読み返す」ことをしているのだが、前回はあまり意識せずに読んでいたのに、今回「えっ」と思えるような内容があらわれた。その本は『精霊の囁き』である。内容を引用する。

**そのチャネラーはリア・バイアースという女性で、二週間くらい前にニューメキシコのチャネリングクラスに行き、そこで精霊からのメッセージを受け取るようになったとのこ**

とでした。その精霊はサン・ジェルマン伯爵と名乗り、それぞれの前世について、今という時代について、その人の役割についてなど、いろいろな情報を人々に与えていました。

そして夫もそこに呼ばれたのでした。そして、その精霊は次のように夫に伝えました。

「今は時代が大きく変わろうとしている。地球上の人間は今まで自分勝手に戦争をしたり自然を破壊したりしてきた。そして今や、人類は地球を滅ぼしてしまいかねない状態になっている。それでは宇宙全体が困るので、今、宇宙のすべての存在が人類の意識を変えるために、必死になって働いている。あなた方が訳した本、『アウト・オン・ア・リム』は人類の意識を変えるための大切な本であり、私たちがシャーリーに書かせたのだ。そして、あなた方に日本語に訳させたのも、私たちなのだ。さらに言えば、君をワシントンD.C.に送ったのも私たちの仕事だった」

――『精霊の囁き』山川紘矢、山川亜希子著／PHP研究所

このことを、山川紘矢、山川亜希子夫妻に精霊が伝えたのは一九八五年七月一日のことであり、『精霊の囁き』が発刊されたのは二〇一八年一月十八日のことであった。そして私がこの原稿を執筆しているのは二〇二〇年四月十二日である。

時系列的に見ても、私が帳尻合わせ的に各文献を並べたのではなく、精霊の言葉は今から三十五年も前に発せられているのだ。まるで二〇一九年～二〇二〇年の世界的危機を予言するかのごとくに。では、さらに本文から見てみよう。

**でも、実は私たち一人ひとりが平和な心で暮らすことができれば、世界中の問題はいつか消えていくというのが、物事の順序なのかもしれません。私たちの思い、つまり、思い込みが現実を作り出すからです。もし、本当にたくさんの人が平和で愛に満ちた心を持てば、今、世界で起こっているような不安と恐れから来る痛ましい状況は起こらないでしょう。**

**だから、私たちがすべきことは、自分の心の平和を実現し、愛と喜びから生きることなのです。**

――『精霊の囁き』山川紘矢、山川亜希子著／ＰＨＰ研究所

今まさに世界中の人類に求められていることが、二年前の著書ですでに述べられているのである。

私は、「心四か条」をとなえ、その「心の持ち方」について、多くの賢人たちのメッセージや著書をまじえて紹介してきているが、そのすべての内容がシンクロし重なり合って同方向を指し示しているとわかるだろう。

『精霊の囁き』の著者である山川紘矢は一九四一年静岡県生まれ。東京大学法学部卒業後、財務省に入省し、海外勤務を経て、大蔵省財政金融研究部長を務め、1987年に退官して翻訳家になった。

同じく著者の山川亜希子は一九四三年東京都生まれ。東京大学経済学部卒業後、マッキンゼー・アンド・カンパニーなどに勤務し、夫の紘矢氏とともに『アウト・オン・ア・リム』を翻訳した。

と、紹介してはみたが、私はそもそもこの二人を、ブライアン・L・ワイス博士の本の翻訳者として承知していた。その関係で『精霊の囁き』も読んでいたというわけだ。

そういえば、この『精霊の囁き』を読むに至った経緯でも、シンクロニシティを感じる体験があった。それには、私の「絵画」のことがかかわってくる。

私の絵画作品は梅原龍三郎、小野竹喬、高村光太郎、棟方志功ら多くの巨星を輩出した

「国画会」という会が主催する、「国展」という展示会に出品させていただいている。これは、毎年五月のゴールデンウイークに、東京・六本木にある国立新美術館で展示する。

それとは別に、「関西国展」として毎年八月に京都市立美術館にも展示している。それらはすべて一三〇号の大型作品だ。また、岡山では「国画会岡山作家展」というのを、私の師でもある金谷雄一主催のもと、毎年正月に開いている。


私がその岡山会場の当番をしていた日のこと。私の、宇宙をモチーフにした作品の前で立ち止まって見てくれている同年代の紳士から話しかけられた。

「この絵の作家さんは今日来られますか」

「作者はわたしです」

「これは失礼、この絵からはなにかしら音楽が聴こえてきますね」

「どのような音楽が聞こえるのですか?」

私がたずねると、その紳士は、きっと私は知らないだろうと思ったのか、幾分躊躇しながら、「……プログレです」と言ったのである。私は驚いた。なぜならその作品は、制作中にプログレッシブ・ロックというジャンルの曲（ピンク・フロイドというバンドものだ）をかけて、イメージしつつ描いたものだったからだ。私はいささか前のめりになって質問した。


「たとえば、どんなバンドの曲が思い浮かびますか」

「ピンク・フロイドとかキング・クリムゾンとか」

「実は、この絵はピンク・フロイドの〝原子心母〟を聴きながら制作したのです」

私の驚きが最高潮だったのはいうまでもなく、紳士もまた、私の答えに非常に驚いていた。それがご縁で、この紳士には毎回展示会の招待状を出すようになったのだが、また別の展示会のときに、「最近、心境が変わりましたか？」と聞かれた。私は、どこまで正直に答えようか、と少し躊躇したが、彼にはお見通しのように思われたので、正直に全部話すことにした。

実はそのころ、私はワイス博士の本に没頭していたのである。そして、年齢などのこともあり、「死生観」について考えるようになっていた。

「ブライアン・L・ワイス博士という人がおられまして……」

私がそう言った時点で、彼はすぐに「山川紘矢氏と亜希子夫人が翻訳されている本ですね」と言ったのだ。私は驚いて、「た、確かにそうです」と、へっぴり腰な答えをしてしまった。

こうしたシンクロニシティを経て、私は『精霊の囁き』を読むに至ったわけである。そして、今回の執筆のなかでいろいろと読み返すうちに、「精霊」とは、セント・ジャーメインだったのかと気づき、深く感じるものがあった。


新型コロナウイルスの世界的蔓延と、東京をはじめとする国内各所でのウイルスの蔓延、罹患した方々やご家族の苦しみと悲しみ、ひた迫るウイルスへの恐怖など、今の危機的状況で自分自身の「心」に光を当てるために、ここまで多くのことを語り、賢人や精霊たちの言葉を紹介してきた。

それらの賢人や精霊や地球外生命体の切なる声に、私自身もまた、真剣に耳を傾けて、「魂でしっかりと受け止め、「行動する」ということを肝に銘じようと思っている。

# 第3章　パラダイムシフト

ではここで、ネット情報から興味深いものを引用する。
十六世紀のイギリスの予言者、マザー・シプトンの四行詩について書かれた記事である。マザー・シプトンの四行詩には、隠されていた後半の四行詩があった。その詩の最後の核心部分が次のようなものである。

**人々が終末に近づいた時、**
**三つの眠っていた山が活動を始めるでしょう。**
**その山は泥と氷と死を吐き出すでしょう。**
**そして、地震が町を飲み込むでしょう。**

ひとりのキリスト教徒がふたりのキリスト教徒と戦うでしょう。
国は何もできません。

そして、黄色い人々が強大な力を得るでしょう。
それは横になった熊の形の場所から現れるでしょう。

これらの強力な専制君主は、
世界を割くことはできません。

しかし、彼らが産み落とした危険な行為から、
大きな病が発生し、多くの人々が死んでしまいます。

医学はその治療法を見つけられません。
これまでで最もタチの悪い病です。

(http://oka-jp.seesaa.net/article/272517016.htmlより)

まさに、二〇一九年から二〇二〇年にかけて中国武漢からはじまったパンデミックとピッタリ一致するではないか。

十六世紀の予言者、マザー・シプトンの四行詩を掲載したこの記事は二〇一二年五月三〇日にアップされているので、いわゆる「後だしジャンケン」的なシロモノとは違う。

また、同じ記事のなかで、

**最近の私は、実際にはこの世というのは、個人レベルでは「世界は常に終わり続けている」というように考えていて、あるいは「終わっていない人の世界も個人レベルではいつか終わる」というのも事実です。**

**これは「死ぬ」という意味とは関係ないことで、生きていようが死んでいようが、文字通り、「その人の世界が終わる」というような意味です。**

ちょっとややこしい話になりそうですので、これ以上は書かないですが、予言で語られる「典型的な世界の終末」以上に、私たち個人個人の人間の「宇宙」は「多様な終末の様相」を持っているのかもしれなくて、そのあたり、人間の多様性に感心します。

(http://oka-jp.seesaa.net/article/272517016.htmlより)

このように記述されている。とすると、やはり「パラレルワールド」や、「多元宇宙」の考え方が、今回の出来事を説明するのに合致しているということではあるまいか。

また、別のブログでは、「マザーシプトンの四行詩の予言」というタイトルで四行詩を引用したうえで、このような記述があった。

黄の馬はやはり中国人のようですね。

中国政府が必死になって抑え込もうとしているのに、抑えられず、日本政府はほぼ何もせず静観しているように見えたのは、これが闇の勢力の計画通りだからではないかと、ずっと疑っていましたが、疑いは確信になりました。

もはや、何をしても手遅れの状態なので、自然に収まるまでじっとしているしかないですね。
外出の時は必ずマスクをする、帰ったら手洗いをするくらいしか予防策はないです。

（https://ameblo.jp/hifumisinnji/entry-12571029587.htmlより）

諦観とでも言うべきか……。しかし、「諦める」の本来の意味は「あきらかにして、やめる」すなわち、「物事の本質をつまびらかにしたうえで、納得して断念する」ことなのである。今回の一連の疫病禍は決して理にかなったものではない。

大谷大学の教員が連載しているエッセイ「生活の中の仏教用語」から引用する。

漢語の「諦」は、梵語のsatya（サトヤ）への訳語であって、真理、道理を意味する。そうであれば、ものごとの道理をわきまえることによって、自分の願望が達成されない理由が明らかになり、納得して断念する、という思考のプロセスをそこに見出せる。

（中略）

**ややもすると、我々は、自分の苦悩は、社会が悪いから、あの人のせいだからしょうがないといって、「あきらめる」ことでよしとする。逆に、それは自分の欲望、無知に起因すると「諦める」ことができれば、現状を受け入れ、解決の方法をみつけやすい。**

**それでは、この四つの真理に通ずる仏教の根本道理とは何か。それは、一切は相対的な存在でしかない、と諦め、執着しないことである。**

（http://www.otani.ac.jp/yomu_page/b_yougo/nab3mq0000000qkz.htmlより）

今回の、新型コロナウイルスの国内での蔓延に対しては、水際対策の甘さや、ＰＣＲ検査の取り組み姿勢や、緊急事態宣言の発表タイミングの遅さなど、納得のいかないことが多くあった。国の対策が「真理」や「道理」にかなわず、今までの対応について、国民のあいだには、悔いや恨み、愚痴が残る「あきらめ」が支配していると言わざるを得ない。

だが、コロナ禍で亡くなられた方々や闘病中の多くの方々のことを考えると、我々はけっして「あきらめず」、現状から解決方法を見いだして、これからの難局に立ち向かっていかなければならないのだ。「真理」「道理」にそった施策がなされてきたとは思えなくても、国も地方も懸命に考えて動いていることは確かなのである。そしてまた、彼らを政治家として選んだのも、他ならぬ我々なのだ。

「いま一人ひとりの個人としてなにができるか」に専念しようではないか。


そして、「一切は相対的な存在でしかない」ということは、バシャールの言う「〝ひとつなるもの〟がみずからを知りたいと強く願い、我々の知りたい、学びたいという気持ちと行動に繋がっている」という宇宙の仕組みともつながる。

また、このことは、般若心経の「色即是空」の考え方としてとらえるのもわかりやすい。

以下に解説を引用する。


色（ルーパ）は、宇宙に存在するすべての形ある物質や現象を意味し、空（シューニャ）は、恒常な実体がないという意味。

すなわち、目に見えるもの、形づくられたもの（色）は、実体として存在せずに時々刻々と変化しているものであり、不変なる実体は存在しない（空）。仏教の根本的考えは因果性（縁起）であり、その原因（因果）が失われれば、たちまち現象（色）は消え去る。

（Wikipediaより）

これはまた、今までに紹介してきた「マルチバース理論」「多元宇宙論」といった「パラレルワールド」のロジックとも重ねて考えることができるし、宇宙がその構造を有するのはそれ自体を観測してくれる「人間」がいるからだとする考え方も含めることができる。その「人間原理」ともいうべき考え方を次に引用する。

宇宙の年齢は百五十億年から二百億年と考えられている。太陽系の年齢はまだ五十億年に満たないのだから、たとえば百億年前にも人類がいて宇宙のことを考えていたと想像しても何の不都合もあるまい。

また別の時代に、この宇宙の別のところに人類がいて、〈宇宙とは何ぞや〉と考えていた。〈水惑星〉が誕生し、そこで生命が発生する限りにおいて、それは人類だとぼくは思う。ぼくたちではない人類が宇宙のそこかしこにいて、宇宙のことを考えている。そういう宇宙にぼくたちは住んでいるのだと考えることもできる。

そして人間の役割とは、ひょっとすると宇宙の究極の構造を理解し、宇宙がなぜ存在するかということを理解することにあるのではないかとも思ったりする。〈宇宙とは何ぞや〉

を理解したところで、人間はその役割をまっとうする。そしてすべては振り出しに戻る。試行錯誤として、物理定数がまったく異なる宇宙も、過去あるいは未来におそらく存在するはずである。宇宙は試行錯誤しているのだ。

――『地球・宇宙・そして人間』松井孝典著／徳間書店

この本の著者はSF作家でもなければ哲学者でもない。世界有数の惑星科学者だ。松井孝典は一九四六年静岡県生まれ。東京大学理学部、同大学院修了。理学博士。「Nature」誌に発表した地球の起源と進化についての新理論は、世界中の学者から熱い視線を浴び、ノーベル賞候補とまで言われたほどである。

ここまでで気がついた方もおられるかもしれないが、今まで紹介してきた方々は、精神世界だけでなく、一般的な意味でも「かなりの賢人たち」である。そうでなくとも、たとえば「知的生命体」(バシャールは三千年先の未来の、人間より進んだ文明の持ち主)であったり、精霊や、ハイヤーマインド、ガイドなど、高次からのメッセージなのだ。

さらに言えば、私がわざとこうした有識者を集めて紹介しているわけではない。偶然そうなったのである。

つまりは、本気でスピリチュアリズムに取り組んでいる人たちに、そのような経歴の方々が多かった、というだけのことだ。もちろん、学歴など関係なく立派に人生の意味を探求し、気づきを得ながら生きている人たちも多くいる。

結果的に、ここには賢者、聖者、精霊、異星人などが総集結してくれているようなものだ。振動数の高い著書を多く読んできたおかげで、多くの智慧をここに合体させることができたと思う。

だが、私はただ、好きな本を貪るように読んで、思ったことをまとめているだけだ。聴こえる声のままにこうして書き連ねていくことの正しさを実感している。


少し論点を変えよう。松井孝典氏の著書から再び引用する。

**今日、人類の未来について不安をかきたてる要素はいくつもあるが、なかでもとりわけぼくが許しがたいと思うのは、宇宙兵器の開発である。宇宙から地球を攻撃しようという発想、そんなバカげた発想をする人類が、これからの危機を乗り越えられるとはとても思**

えない。本書で詳しく述べたように、地球は見事なまでに〈水惑星〉となるための数々の障壁をクリアして、現在の姿にあるのだ。そうしたことを考えると、地球を一つの巨大な生命体とみるラブロックの〝ガイア〟仮説には相当の真理が含まれているとぼくは思う。その巨大な生命体の起源と進化を知り、さらにそこに寄生する、人類をはじめとするさまざまな地球生命の多様さを知れば、地球に攻撃をしかける発想など持ち得ないと思うのだが——。

この変革と激動の時代だからこそ、人類はみずからの存在と行く末を静かに考えるべきなのではないだろうか。それにしても人類よ、そんなに急いでどこへ行こうとしているのか?

——『地球・宇宙・そして人間』松井孝典著/徳間書店

この本が発行されたのは一九八七年である。それから二十年後の二〇〇七年には、中国は老朽化した気象衛星「風雲一号」を使って衛星攻撃兵器の実験をおこない、数千万個の宇宙ごみを一気に三〇パーセントも急増させた。

この暴挙は世界中の宇宙開発関係者や衛星事業者を激怒させた。人類はかくも愚かな行為を「二〇一二年の地球の運命の分かれ道」前後に差し掛かってからも、繰り返していたのである。

二〇一二年を境に、急激ではないものの十年くらいの時間をかけて、地球は平和で幸せにあふれる「ポジティブな地球」と、人類が危機に瀕する悪夢のような「ネガティブな地球」へと二極分化していった。このことは、知的生命体やハイヤーマインドからのメッセージを通じて知りえている人たちが世界各地にいたのである。

七十七億人の人類全員の目覚めは無理だとしても、ある一定数、すなわち十四万人以上の人々がこのような真理を知り、思いを巡らせ行動に出ていたら、地球の振動数は上がり、第四密度に移動し、アセンション（次元上昇）への道筋はつくられていただろう。

いや、おそらくそのような地球も存在している。いま私のいる「地球」が、残念ながらいまのところそのような地球ではないだけなのだろう。だが、変えられるはずである。地球を愛し、心からいとおしく思い、平和で美しい地球を思い起こしてほしい。笑い声が方々に響き渡るおおらかな惑星を……。

だれもうこれ以上死なせたくない。誰もが魂の存在としては「ひとつなるもの」なのだ。

私が経験している地球は、人類が学びを得て大きく変化する前の地球なのだろう。けっしてネガティブに考えたくない。ポジティブな地球にするのはいまここに生きている我々なのだ。他にはいない。「本当にある世界」、すなわち「いま」を思い切り生きなければいけないのだ。過去も未来も実存しないのだから。

ドシャ降りの日はいつまでも続かない。必ず晴れの日はやってくる。

人類の苦しみに直面している今、「情熱をもってポジティブに皆でコロナに立ち向かう」姿こそが、苦難を乗り越える唯一の方法なのではないだろうか。

それこそ、「変革と激動の時代だからこそ、みずからの存在と行く末を静かに考えるべき」なのだろう。

私の絵画についても同様の考え方であって、

「地球温暖化・自然破壊・人口爆発・資源の枯渇・疫病の蔓延・食糧危機、現代に生きる我々に、大きく突き詰められた諸問題。この一刻を争うときに漫然と過ごす人類。近い将来、我々が次にとる行動は人口惑星をつくって宇宙へ脱出することかもしれない。あたかも「ノアの箱舟」のように。しかしそのころ「宇宙の法則」や「次元の上昇」により、新しい世界が出現するともいわれている。一人ひとりが希望をもって、明るく正しく生きることで、地球から逃げることなく世界を好転させることができるのである」（著者ホームページより）。

こうした思いで私は絵を描いてきた。ホームページ自体は二〇一〇年ごろに立ち上げたものだが、それ以前からずっとテーマは一貫している。

私たちは昨日今日で、この地球の危機を訴えているのではないのだ。

二度の臨死体験を経て木内鶴彦の悟った真実は「我々がこの人生を生きる本当の意味は、地球を大切にすることだ」であった。木内氏は我々人類を「地球上のあらゆる生き物の中の新参者」としてとらえたのである。

読者の方も「地球カレンダー」という言葉を聞いたことがあるかもしれない。

ここで「地球カレンダー」を捲ってみよう。「21世紀の歩き方大研究」（http://www.ne.jp/asahi/21st/web/index.htm）より、要約して紹介する。

宇宙の歴史が百五十億年～二百億年とされるなか、地球の歴史はというと、四十六億年くらいで、ビッグバンによる宇宙誕生後百～百五十億年もの時間を経過したのちに、我らが地球は誕生する。その地球の誕生日から今日までを一年のカレンダーに置き換えたのが、「地球カレンダー」だ。その内訳は三百六十五日分あるのだが、人類がまだ「猿人」として最初に直立二足歩行した約四百四十万年前は、なんと十二月三十一日の午後三時三十九分に該当する。

また、百八十万年前に原人ホモ・エレクトスとして「火を使いはじめた」のは同日の午後八時三十五分だ。さらに、現生人類であるホモ・サピエンスが誕生した二十万年前は、午後十一時三十七分に相当する。

農耕牧畜のはじまる一万年前は午後十一時五十八分五十二秒。キリスト降誕の二千年前は午後十一時五十九分四十六秒。ルネッサンス文化が午後十一時五十九分五十六秒、イギリスで起こる産業革命は午後十一時五十九分五十八秒、二十世紀が始まって終わったのは午後十一時五十九分五十九秒となる。

つまり、地球の誕生を一月一日零時零分零秒として、四十六億年（一兆六千七百九十日）

分を、三百六十五日のカレンダーに落とし込んだら、我々人類が火を使いはじめたのは大晦日の午後八時三十五分となる。言ってみれば一年の終わりに、やれやれ家族で「紅白歌合戦」を見はじめて、おそらく両組のトップバッターが歌い終えたあたりではなかろうか。

さらに、我々現代人が妄信する「サイエンス」、つまり科学の黎明を意味するイギリスでの産業革命について言うならば、十二月三十一日午後十一時五十九分五十八秒……だ。

これは、紅白歌合戦はすでに決着がついていて、「ゆく年くる年」のまったりした時間、二秒後に除夜の鐘が鳴る瞬間を待つ、まさにそのタイミングなのだ。

どうだろう、木内鶴彦が「人類は地球上の新入り、新参者」というのもよくわかるだろう。我々は早い話、十二月三十一日の大晦日のティータイムになって、はじめて地球上に姿をあらわすのだ。

そこまでには人類よりもずっと大先輩たちが数えきれないほど多く生息してきたし、今でも生き続けてくれている。そんな彼らをもっとリスペクトしてもいいのではないだろうか。

もっと温かいまなざしで接してみてもいいのではないだろうか。

それなのに、我々は商業主義で今でも破壊と殺戮を繰り返している。

それでいて「地球上の盟主」だの「生態系の頂点」だのと言って、奢った考えを持ち続けているのだ。

木内鶴彦は、地球上のすべての生き物はそれぞれが生態系での役割を担っており、彼らの本能の中にそれが組み込まれているということを、多くの具体例をあげて説いている。氏は臨死体験から学んだこととして「人間は、すべての生物が関わる生態系の指揮をとらなければならない立場にある」という趣旨を著書の中で力説している。以下引用する。


だけど、彼らはまだらにやるからいけないんです。そうすると、バランスが悪くなってくる。結局、すべてにおいて生態系の中で、本能という形でみんな組み込まれているシステムを演じるんだけれども、それは自然の生態系をつくることが目的なのです。

彼らの場合にはどうしてもアンバランスなところができる。それで物事を考えられて、手足が器用に使える生き物が必要になって、誕生したのが人間なんです。

人間の役割は何かといったら、本来地球で生きるために地球の生態系のバランスをとることを目的とした産業構造や経済をやらなきゃいけないということなんです。今何をやっていますか。そう考えると情けなくなります。

――『臨死体験3回で見た《2つの未来》』木内鶴彦著／ヒカルランド

また、他の生物と人間とのかかわりをバシャールのメッセージから引用する。

イルカが人間と同じ種類の魂をもっていることを、みなさんは忘れています。

身体の形は違うのですが、何万年も以前に、みなさんの輪廻転生のサイクルとつながったことがあります。

そのつながりによって、みなさんの多くがイルカとして生きたこともありますし、イルカが人間として生きたこともあります。

ただ、一万年前のアトランティスの崩壊以来、一般的に人間は人間だけに生まれ変わるようになりました。

その地域で起きた否定的な破壊のために、みなさんの「夢」が「悪夢」になってしまったからです。

それ以来、みなさんは、今地球上で終わりを告げようとしている、否定的なカルマのサイクルに縛られるようになりました。

みなさんが、肯定的な考え方をするようになるにつれて、イルカたちの意識が再び、みなさんと夢の意識の中でコミュニケーションできるようになってきました。

私達から見れば、地球には二種類の宇宙人が住んでいます。ひとつは、「人間」、そしてもうひとつは「イルカ」です。

みなさんは他の星まで宇宙旅行しなくても、自分の星の上で宇宙人に会えるなんて、素晴らしいですね。

——『バシャール・ペーパーバック⑥』ダリル・アンカ著／関野直行訳／VOICE

我々が気づかずにいたこと、気づいていながら見逃してきたこと、忘れていたことなどに対して、少しだけでも考えていく姿勢が大切だ。

バシャールの同根のメッセージは他にもある。『バシャール　スドウゲンキ』より引用する。

バシャール　「この地球上には人類以外にも知的な種がいるらしい。イルカやクジラと呼ばれている動物たちは、人類と同じように知的な存在だ」ということに、多くの人々が気づきはじめています。つまり、ある意味では、「この地球には、ヒトという知的な種と、イルカやクジラなどの知的な種が住んでいる」と言うことができます。

須藤　「イルカやクジラは知的な存在である」と地球上の多くの人たちが言っていることは知っていますか。イエスかノーで短く答えてください。

バシャール　イエス。
くりかえしますが、それが反論や議論を招くような形で提示されるべきではないことは言っておきます。私たちは誰かを攻撃するようなことを言っているわけではありません。ただ、検討するためにアイデアをお話ししているのです。人々の意識を開き、ハイヤーマインドにつながるのを助けるためです。
それでは、あなたに質問があります。イエスかノーで答えてください。

須藤　あなたの社会の法律では、人が人を殺すことは法律違反ですか。

バシャール　イエス。

須藤　それは殺人と呼ばれていますね。

バシャール　イエス。

では、イルカやクジラが同じように知的であるとすれば、イルカやクジラを殺すことが、なぜ殺害（murder）と見なされないのでしょうか。それはひとつ、検討すべきテーマです。

というのは、やがてこの地球上においても、イルカやクジラを殺戮《さつりく》することが、人を殺すのと同じような意味合いでとらえられる時がやってくるであろうからです。

くりかえしますが、私たちは誰かを責めたり、批判したり、攻撃したりする目的で言っているわけではありません。ただ、やがては社会の中でイルカやクジラを殺すことが、人を殺すのと同じように見なされる時がやってくるであろう、ということを言っているのです。

このテーマは、あなたが扱いたいテーマではないかもしれませんが、これをひとつの例として紹介したのは、このようなアイデアを社会に紹介することによって、人々のイマジネーションの幅を拡げ、人々がより大局的なものの見方ができるようになる、ということを示したかったからです。

**須藤**　要するにクジラに限らず、僕らが当たり前だと思っている信条や信念も、イマジネーションの切り替え次第で変えていくことができるということですね。イルカやクジラ以外でも、豚や牛も同じようにその知性を尊重するようになっていくのでしょうか。

**バシャール**　やがてはそうなります。すぐにではありません。動物たちの中には、人間たちのために自分の身を犠牲にしてくれている存在たちもいます。人間もやがては食べ物という形でエネルギーを摂取しなくてすむようになりますが、それはずっと先の話です。

——『バシャール　スドウゲンキ』須藤元気、ダリル・アンカ著／VOICE

バシャールからの切なるメッセージがよくわかるだろう。
このような話を聞くと聞かないとでは大違いだし、信じると信じないとでもまた大違いだ。私は聞いてよかったと思っている。なんとならば、バシャールの言葉はすべて真実だと知っているからだ。そして知って、信じたら、次は行動だろう。

今すぐなにができるわけではなくても、いったん肝に銘じておけば、きっとなんらかの形で行動できるときがくる。私がこうして、本を書いて情報を発信しようとおもったように。

バシャールの言葉のなかにも「このようなアイデアを社会に紹介することによって、人々のイマジネーションの幅を拡げ、人々がより大局的なものの見方ができるようになる」と示唆したものがある。

我々人類は、人間は、地球人は、大きな苦難の節目節目で刮目し、反省し、大きく社会を変化させ、そのつど政治システムを更新してきた。しかし、繰り返される戦争や人民抑圧、専制君主制から逃れた後の独裁政治などが続くにつれ、「ひとは歴史から何も学ばないということを学んだ」といった、シニカルな言葉さえささやかれるようになってしまった。

コロナ禍による世界的危機に際しても、人類はきっとなにかを学ぶであろう。そして、この危機を克服したのちには新たな社会が生まれることだろう。

郵 便 は が き

恐縮ですが
切手を貼っ
てお出しく
ださい

160-0004

東京都新宿区
四谷4－28－20

**(株) たま出版**

ご愛読者カード係行

| | | | |
|---|---|---|---|
| 書　名 | | | |
| お買上<br>書店名 | 都道府県　　市区郡　　書店 | | |
| ふりがな<br>お名前 | | 大正<br>昭和<br>平成　年生　歳 | |
| ふりがな<br>ご住所 | □□□-□□□□ | 性別<br>男・女 | |
| お電話<br>番　号 | (ブックサービスの際、必要) | Eメール | |

お買い求めの動機

1. 書店店頭で見て　2. 小社の目録を見て　3. 人にすすめられて
4. 新聞広告、雑誌記事、書評を見て(新聞、雑誌名　　　)

上の質問に1.と答えられた方の直接的な動機

1.タイトルにひかれた　2.著者　3.目次　4.カバーデザイン　5.帯　6.その他

| | |
|---|---|
| ご講読新聞　　新聞 | ご講読雑誌 |

**たま出版の本をお買い求めいただきありがとうございます。この愛読者カードは今後の小社出版の企画およびイベント等の資料として役立たせていただきます。**

本書についてのご意見、ご感想をお聞かせ下さい。
① 内容について

② カバー、タイトル、編集について

今後、出版する上でとりあげてほしいテーマを挙げて下さい。

最近読んでおもしろかった本をお聞かせ下さい。

小社の目録や新刊情報はhttp://www.tamabook.comに出ていますが、コンピュータを使っていないので目録を　希望する　いらない

お客様の研究成果やお考えを出版してみたいというお気持ちはありますか。
ある　ない　内容・テーマ（　　　　）

「ある」場合、小社の担当者から出版のご案内が必要ですか。
希望する　希望しない

ご協力ありがとうございました。

〈ブックサービスのご案内〉
小社書籍の直接販売を料金着払いの宅急便サービスにて承っております。ご購入希望がございましたら下の欄に書名と冊数をお書きの上ご返送下さい。

| ご注文書名 | 冊数 | ご注文書名 | 冊数 |
|---|---|---|---|
| | 冊 | | 冊 |
| | 冊 | | 冊 |

これに関連して、二〇二〇年四月十七日のNHKニュースに出演した、長崎大学の山本太郎は「この二十年弱で新型のウイルスが三度も出現したのは異常な頻度だ」としたうえで、大変興味深い話をしていた。

「私たちがこの新型コロナウイルス蔓延について、深掘りして考えねばならないことは、じつは、熱帯雨林の消失や排気ガスによる地球温暖化、世界的な自然破壊などの積み重なる行為によって疫病が発生しているということだ」

といった内容である。さらに氏は、ペストがかつてパンデミックを起こし、多くの死者を出したことが遠因となってルネサンスがはじまり、中世の終焉とともに近代史が幕を開けたと説明した。つまり、今回のコロナ禍から「発展至上主義」の考え方に変化が生じ「適応する生き方の模索」がはじまるであろうということだ。

氏は、この危機を乗り越えた先に、今と違う世界が現れると予測していた。ウイルスの撲滅はできないのであるから、全面戦争ではなく、ウイルスとの共生を通じて「人を死に至らせない」など、感染症とのうまいつきあい方を模索するよううながしたのである。

氏は、アフリカのエイズ治療現場で、明日に希望が持てない現地の患者さんたちを診察してきた過酷な経験から、番組インタビューの最後にとても大切なコメントを発せられた。この言葉はいま、まさに新型コロナウイルスの世界的蔓延に苦しむ我々人類が持つべき思考であり、抱くべきコンセプトであり、この本の最大のテーマでもあるのだ。

それは、「なによりも希望が大切です。一人ひとりが明るい未来を思い描くことが大切です。そして今こそ次の社会を考えることで、未来への希望につながるのです」という言葉だ。

ここでもまた、我々が一貫して考えてきた思想が、過去に過酷な現場を経験した識者からも声を大にして唱えられたのである。

また、別のメディアからもこうした「社会の変容」の考察と予測の記事があった。

**中世の西ヨーロッパは神に対して敬虔でした。ところが人口の三分の一がバタバタと死んでいく。そうすると「神様はいないのでは……」「どうせ死ぬなら好き勝手に」となります。ペストが猛威を振るった十四世紀に出された「十日物語」には、修道院長が露骨に**

性交を迫る場面があり、近代小説の始まりとされます。ペストは従来の価値観に大きな変化をもたらしました。これがルネサンスです。

次に経済的側面です。同じく中世の西ヨーロッパでは、農村は共同体でした。畑には柵がなく、みんなで働いて、領主に年貢を納めた残りをみんなで分け合いました。しかしペストによる大量死は極端な労働力不足をもたらします。そこで領主は農民の労働意欲を上げるために、それぞれに土地を貸し出します。すると農民たちは、麦を植えるか、豆を植えるか、羊を飼うかと、自分で考え行動し、その成果も失敗も自身が受け入れます。これが資本主義、自由経済の始まりです。経済面でもペストは自由をもたらしたのです。

（朝日新聞　二〇二〇年四月十五日　東京大学入試問題から
ゆげひろのぶ「感染症による社会の変質を考える」より）

ここでも、過去の感染症後に起きた社会変化を紐解き検証することで、今後の世界の変容が予想されるとわかる。

パンデミックな疫病の蔓延を肯定的にとらえることはけっしてできない。しかし、苦境に立っていても、「希望が大切」「各自が明るい未来を思い描くことが大切」「今こそ次の社会を考えることで、未来への希望につながる」といったポジティブな考え方を、意識して心がけるべきなのだ。

そして、この考え方こそ、私が最初に提案した「心の武器」の根幹をなしている。「ポジティブな思考」と「アクティブな予防」という両輪があってはじめて、コロナ制圧に世界が向かうのである。罹患しないために一人ひとりが十分な予防策をとり「すべきことをした」うえで「明るい未来を希望し、社会を考える」ことができれば、恐れられている「新型コロナウイルス」なるものは必ず雲散霧消する。

ここまで多くの著書や論説、メッセージを紹介しつつ「意識が現実となる」ことについて述べてきた。「引き寄せの法則」（全世界で860万部も売れた『ザ・シークレット』に詳しい）を理解したエジソン、ベートーヴェン、アインシュタイン、ガリレオといった偉人たちの成功の秘密も、すべてそこにあったと言える。

コロナ制圧とは、人類とウイルスがなんとかうまくつきあうレベルで抑制された状態であると、疫学、感染学に携わる専門家の方々は言う。

では、ポストコロナの先に見えてくる、希望に満ちた新世界とはいったいどのような社会なのだろうか。

少なくとも、グローバリズムと称して世界のサプライチェーンを展開してきた、中国をはじめとした各国の取り組み方は、危機管理上、見直されてゆくことだろう。

自由資本主義社会には、富の集中、貧富の格差などの問題があり、あるいは自然破壊や人口爆発、温暖化といった地球環境の問題も横たわっている。

だから我々は、賢人たちの知恵をもとに、情熱と希望をもって、新たな社会の構築に取り組まなければならない。もうすでに「パラダイムシフト」ははじまっているのだから。


パラダイムシフトについて、興味深い記事を引用しておく。


**ビスマルクは「賢者は歴史に学び、愚者は経験に学ぶ」と言っている。パンデミックは世界的流行ということであるのに、やはり自らが恐怖感を持つところまでいかないと切迫感を持つことができないのは、私を含め殆どの人間は愚者なのかなと思う。愚者が賢者になるには歴史に学ぶこと、素直な心になることだろう。**

**「パラダイムシフト」という言葉がある。**

「パラダイムシフト」とは、その時代や分野において、当たり前のこととして考えられていた認識や思想、社会全体の価値観などが革命的に劇的に変化することを意味する言葉だ。昨今においては「固定電話⇩携帯電話⇩スマートフォン」がある。固定電話が通信の「当たり前の常識」であった人々の概念や価値観が、携帯電話で、さらに革命的にスマートフォンで劇的に変化したのだ。

このコロナウイルスで私が学ぶことは、まず、今まで当たり前と思っていた生き方や生活態度の「パラダイムシフト」をすることなのではないか。このコロナ危機をチャンスに変えよう。

(https://ouen-japan.jp/blog/2020/04/11/「コロナウイルスとパラダイムシフト」より)

なるほど、危機をチャンスに変えるという「希望」のあるポジティブな思考は、これまで述べてきたことと一致している。

ビスマルクの言葉も示唆に富む。「賢者は歴史に学び、愚者は経験に学ぶ」という言葉だが、私は「賢者は愚者からも学ぶが、愚者は賢者からも学ばない」という言葉を知っている。

現在、アジア諸国を見渡すと、中国、韓国、香港、台湾などにおいては、コロナ禍は終息とまではいかなくとも、かなり抑え込みに成功している。

日本では、空港での検疫体制の緩さや、ＰＣＲ検査の体制の不備と検査件数の少なさ、緊急事態宣言の発令の遅れ、営業自粛の要請に対する補償がないなどの失策を繰り返すうち、医療崩壊の危機に足をかけるまでの状況になってしまった。

中国、韓国、イタリア、フランス、スペイン、アメリカなど、日本より早いうちから多くの感染者や死者を出し、医療崩壊を招いた国や地域もあったと報道で目撃してきたのに、なぜ基本となる検査をしなかったのだろうか。病院に多くの軽症者が駆け込むと困るというのなら、しっかりと代替施設を準備しながら検査体制を整えていけばよかったのではないか。

指導者は、判断基準の置き方がとても大切だ。危機対応のプライオリティーを間違えてはいけない。国民全体に目を行き渡らせ、耳を傾け、なによりも自分のことを最後に回すことが重要で、絶対に逆になってはいけないのだ。

そして、なによりも、この事態から学ぼうという心づもりが大切だ。四月二十日のテレビ番組のインタビューで、早稲田大学名誉教授の加藤諦三は、「この困難からなにを学ぶか。

我々はこの困難を、自分自身を知る機会と考えよう」といったポジティブな思考を述べている。

# 第4章　ポジティブ、ネガティブ

ではここで、繰り返し述べてきたポジティブというものについて、もう少し掘り下げてみよう。エベン・アレグザンダー著『プルーフ・オブ・ヘブン』より引用する。

あちら側で見えた地球は、無限の暗闇に浮かぶ薄青色の点だった。地球とは善と悪とが混在している場所であることがわかり、それが地球の独自性を際立たせる一因になっていた。地球においてさえ、悪より善の方がはるかに優位を占めていたが、地球では高次の次元では考えられないかたちで、悪が影響力を行使することが許されていた。ときには悪が優勢になるのを創造主が容認しているのは、われわれ人類という存在に自由意思の恩恵を授けるためにそうする必要があったからなのだ。

**宇宙全体にも悪の微細な粒子は漂っていたが、宇宙に満ち満ちている善性、豊かさ、希望、無私の愛に比べれば、悪の総量は砂粒ひとつぶほどのものでしかなかった。異なる次元は愛と受容そのもので構成され、これらの性質を欠いているものはただちに場違いであることがわかった。**

**しかしながら自由意思というものは、愛と受容から離れる代償を払うかたちでしか得られない。人間は自由な存在でありながら、自由などないと錯覚させる環境にがんじがらめに取り囲まれているのである。**

——『プルーフ・オブ・ヘブン』エベン・アレグザンダー著／白川貴子訳／早川書房

アメリカの名門ハーバード・メディカル・スクールで長らく脳神経外科医を務めていたエベン・アレグザンダーは、ある朝、突然の奇病に襲われ、昏睡状態に陥った。脳が侵され意識や感情が働かないなかで、彼は驚くべき世界を見た。かつて死後世界を否定してきた著者であったが、昏睡のなかで目覚めるべき気づきを得て、回復した後、自身の臨死体験のすべてを語ったのである。

ほぼ同じ内容のことをバシャールも述べていたので、ここに引用し併記してみる。

**（バシャール）「地球生命系のいいところは、ここにはポジティブな人もネガティブな人も入り混じって生きているという点だ。ここに連れてこられた人たちは初めはネガティブであったが、輪廻を繰り返すうちに次第にポジティブな影響を受けるようになっていった。そして今では、ポジティブなひとからネガティブな人まで幅広い範囲にいるようになった。**

**同じことが実はここへ来たプレアデス人にも言える。人間として輪廻することを選んだプレアデス人たちは初めはポジティブ一辺倒だったが、輪廻を重ねるうちに幅広い分布を示すようになった。**

**こうなることは彼らの目的でもあった。ポジティブとネガティブの統合を達成するには、両方を体験する必要がどうしてもあったからだ。**

**今地球は二〇一二年を迎えるにあたり、実はとても重要な時期にさしかかっている。**

**プレアデス系だけでなく、オリオンなど元々ネガティブサイドに行ってた**

人々も、この機会を利用して、ポジティブとネガティブの統合を図ることができるのだ」

（坂本）「二〇一二年からポジティブな地球とネガティブな地球に分かれる中で、ポジティブな地球へ行こうと我々はしているんじゃなかったんですか？」

（バシャール）「ポジティブな地球に行くことに変わりはないが、ポジティブとネガティブの両方を体験し、知り、その中からポジティブを選択することに意義がある。

ポジティブしか知らないでポジティブ側に行くのとは違う。地球という厳しい環境の中、両方を体験し、ネガティブを十分知った上で、ポジティブ側へ行く。

というより、正確な言い方をすれば、各自にはネガティブな要素もポジティブな要素も共にある。怒りや恨み、憎しみ、愚痴という部分もあると同時に、愛や思いやりにあふれる部分もある。自分とはその両方を持ち合わせた存在である。この真実に気づくことが大切だ。気づくことが統合である。

その上でポジティブな行動を選択する。日々の行動の中でどちらを選ぶかは、実は毎瞬、選択している。ポジティブな選択をすることでポジティブな世界へ行く。それに意義があるのだ」

——『分裂する未来』坂本政道著／ハート出版

賢人たち、臨死体験で覚醒した人たち、知的生命体、皆が同じことを言い続けているとわかるはずだ。この真理を前提においてこそ、悲惨なパンデミックへの精神的対応がかなうのである。

二〇〇九年に発刊されたこの『分裂する未来』のなかでは、二〇一二年ごろを境にゆっくりと世界の善と悪（ポジティブとネガティブ）は分離していき、二〇二〇年ごろには明確に分かれ、この両者が混在する地球を誰も体験しなくなる、と述べられている。

ただ、圧倒的多数は、ポジティブな地球か、あるいはネガティブな地球か、いずれかを体験する。今のように両者が混在する地球を体験する人はいない。どちらかに分かれるのである。

両者がはっきりと分かれるのは、二〇二〇年ごろだろうか。

いずれにせよ、どの地球を体験するかはあなた自身が決めるのだ。あなたの波動、振動数が決めるのである。

ネガティブな地球を体験したくないと思っても、日ごろネガティブな考えをもってネガティブな行動パターンをとっているなら、ネガティブな地球を体験することになる。

逆にポジティブな考えを持ち、ポジティブな行動パターンをとれば、ポジティブな地球を体験する。

すべては振動であり、その共鳴である。自分の共鳴するところを体験するのだ。

ポジティブな地球を体験したいなら、今からでも遅くないから思考パターンをポジティブな思考パターンに変える必要がある。それは喜びをベースとした発想である。恐れをベースとしたネガティブな発想と決別するのだ。

――『分裂する未来』坂本政道著／ハート出版

今まで述べてきたことがひとつの大きな真理となって、道筋を見せてきた。地球上には善と悪とが併存している。善の方が圧倒的に多いのだが、この、両方が併存しているという状況は、地球という惑星を極めてユニークな存在にしている。

そもそも、個人個人のなかにも善と悪とが混在して成立している。

そのうえで、悪が優勢になって戦争を起こしたり、人類に悪影響を及ぼしたりするような出来事を創造主は許してきたのだ。こうしたことは、第四密度以上の高次の世界（地球は三次元で第三密度である）では考えられない。

なぜ創造主がそれを許すのかというと、我々人類に「自由意志」という恩恵を授けるためである。そのために、悪の優勢も容認する必要があった。

そして、善（ポジティブ）と悪（ネガティブ）が統合を果たしていくためには、地球上にポジティブな存在だけでは意味をなさない。人々はネガティブな経験をしたうえで、ポジティブな生き方を選択していかなければならなかったのだ。つまり、善悪両方を併せ持っていると気づくことである。「統合」だ。そのうえでポジティブな行動を選択すべきなのだ。

そして二〇二〇年になれば、ポジティブな地球とネガティブな地球とに分かれ、今までのように善悪（ポジティブとネガティブ）の両者が混在する地球を体験するものは一人もいなくなる……。

ここで、さらに船井幸雄著『二つの真実』から引用する。

Ⅰ　宇宙は、一つの意思と意識によって創られたと考えられます。この創った存在、すなわちサムシング・グレートを、ここでは創造主と呼びましょう。

私の永年の研究では、創造主はやはり「性善ポジティブ型」の存在であり、それを「光の存在」と呼ぶのがわれわれには分りやすいし、理解もしやすいと思います。

彼は、宇宙を「調和をとりながら、すべてが効率的に生成発展する」ように創ったはずだと思えます。それで現実と論理に矛盾が出ないからです。

そのために彼は、「性悪ネガティブ型」の「闇の存在」と呼ぶのにふさわしい存在についても、いろいろ考えたうえで認めて創ったのだと思います。陰と陽を組み合せることにより、初期の段階でもバランスがとれますし、ある時期は、特に効率的に世の中とか、ある種を生成発展させ得ると思えるからです。
ただ、究極のところ「闇の存在」も生成発展に行きついた時は、「光の存在」と一体化するように創ったと考えられます。
これにも、論理的に矛盾はありません。

Ⅱ　創造主は、地球人を「性善ポジティブ型」の人間として創りました。ただ地球人が幼稚で知的レベルも低く、一般動物とあまり変わらなかったため、ある文化レベルまで効率的に成長させる必要を感じ、ある期間、「闇の存在」に地球人を支配することを許したのだ、と思います。これが、もっとも分りやすい答えになりそうです。

――『二つの真実』船井幸雄著／ビジネス社

臨死体験して死後の世界を知ったエベン・アレグザンダーの言葉も、第四密度から第五密度に移行しつつある惑星エササニから来て、人類にポジティブな生き方を伝え続けるバシャールのメッセージも、経営コンサルタント会社として世界初の株式上場を果たした船井幸雄の言葉も、どれも非常に論理的であり、内容も見事に一致している。

さらに言うと、バシャールの発信するメッセージは「パワフルなツールとなり、障害を創造的な挑戦へと変容させ、人生にポジティブな変化をもたらすのを助けている」のである。

我々人類はコロナ危機に際して、次の社会の創造へ「希望」をもって立ち向かわなければならない。すでに「パラダイムシフト」が起きているとわかり、さらなる社会の変容を遂げることだろう。それこそが、バシャールの言う「障害を創造的な挑戦へ変容させ、人生にポジティブな変化をもたらす」ということなのだ。

ここで、「現実とは自分がつくり出すもの」ということについても掘り下げていこう。

船井幸雄著『二つの真実』より引用する。

**カリヴァン　全人類的な意識の変換が、今起きつつあります。私たちがいったい何ものであるか、というスピリチュアルな目覚めを、どのように呼び起こしていくか。**

**私たちは、宇宙の意志（コスミック・マインド）による単なる被造物であるばかりでは**

ありません。宇宙の意志によって創られた存在であると同時に、宇宙の意志と協働して共に創る存在、つまり「共同創造者」であるということ。このことがさらに重要なポイントなのです。

意識の研究によってわかってきたことは、あらゆる存在……極小の存在から極大の存在にいたるまで、五感で捉えられる存在から五感では捉えられない存在にいたるまで、この宇宙に存在するすべてが、時間と空間の制限を超えて互いにつながり合っていることです。つまり、私たちが頭で考えること、心の中に湧きだした感情、発する言葉、振る舞いや行動、それらはすべて、私たちを取り巻く存在に大きな影響を及ぼしているのです。

私たちは何ものなのか、という答えがそこに見い出されるでしょう。「私たちは創造する存在である」ということですね。この世界を創造しているのは、神や宇宙の意志ばかりではなく、まさに私たち一人ひとりであるという事実。私たちは、神や宇宙の意志にも匹敵する〝創造者〟である。それほど大きな力を有している存在、それが私であり、あなたである。その気づきへのサポートが、いま急激な勢いで地球に降り注いでいるのです。

――『二つの真実』船井幸雄著／ビジネス社

カリヴァンとは、英国人の科学者ジュード・カリヴァンのことである。

このように、多くの賢人たちが、存在するものすべてが（目に見えようと見えまいと）ひとつのものであるとし、私たち自身の感情や言葉や振る舞いや行動といったものすべてが、まわりの存在に大きな影響を及ぼしていると言う。

そして、私たち自身が「現実」をつくり出しているということに一人でも多くの人が気づくよう、近年になって高次からのサポートが急激におこなわれている。多くの人々がこの真理に気づけば、地球はポジティブな世界に一変する。


仏教の世界では「身・口・意」（しん・く・い）といって、身はみずからの行動、口は自分の発する言葉、意は心に抱く考え、これらが波動となって周りに大きく影響を及ぼし、まわりまわってみずからに帰ってくるという教えがある。「言霊」などはそのいい例といえるだろう。

つまりは「因果応報の法則」である。またそれらのことを「カルマ」とか「メグリ」とか「業《ごう》」と呼ぶ。現象となってあらわれるまでにタイムラグがあるために、本人は気づきにくい。

これと同様のことにはバシャールも言及している。『バシャール・ペーパーバック⑥』から引用する。

そして、自分にとって真実であるとわかっていることを、実際に「行動」に移す大胆さをもつことです。

あなたにとっての真実を行動に移すとき、必要なものはありあまる程に宇宙がサポートしてくれることを知っていてください。

自然に、努力もいらずに、そして永遠に。

これは、単なる聞こえのよい哲学ではありません。

宇宙は実際にこのように動いているのです。

「バシャール、本当にそんなふうに考えられたらいいけれど……」というかも知れません。

でも、これがこの世界の真の現実なのです。

ところがみなさんは「でも、私たちはもっと現実的に生きなければいけない」と決めていますね。

みなさんの世界で哲学と呼ばれているものは、私たちの世界では物理学になります。

みなさん、ひとりひとりが錬金術師なのです。

存在する毎瞬々々がそうです。

毎瞬々々、みなさんは、自分の現実を創っています。

意識の中で、一番強くこうだと信じているものが意識を通して、または無意識のうちに実現化されています。

みなさんは、無限との共同創造主です。

でしたら、「現実はこうあるべきだ」と思い込んで、自分の望まない現実を創り出す代わりに、自分の好きな現実を創ったらどうでしょう。

もう、何千年もの間、この惑星上で「これが現実なのだ。現実に直面しろ」と教えてこられたからといって、いつまでもそれを大切に守る必要はありません。

私達の経験からすると「現実とは単に、こういうものなのだ」ということは存在しません。

私達は無数の文明と接してきました。その体験の中から発見したことは、すべての文明、そしてすべての次元に共通する法則は、たったひとつしかないということです。

この宇宙全体の基礎となっている法則は、たったひとつしかないのです。
それは、つぎのようなものです。
聞く準備はできていますか?

(笑)

すべての人生に共通する、この永遠なる、唯一の秘密に触れる準備はできていますか?
宇宙最大の神秘を知ってしまってもパニックにおちいりませんか?
本当に準備はできていますか?
イエスでしょうか、ノーでしょうか?

(YES!)

なかなかいい第一歩ですね。
遊ぼうという意志があるのは、素晴らしいことです。
それでは、いきます。

最大の秘密です。

すべてのもの、すべてのとき、そしてすべての場所を支配するたったひとつの法則はこれです。

みなさんはすでに知っていると思います。

「自分の与えるものが、自分に返ってくる」

「エッ！　それだけなの。そんなに簡単なの？」というかも知れません。

そうです。そんなに簡単なものなのです。

自分の与えるものが、自分に戻ってきます。

これ以上にシンプルなものはありません。そして、これ以上に深遠なものもありません。

これは、みなさんのこの物理次元の体験もすべて、みなさんの手中にあるということです。すなわち、みなさんが体験することは、百パーセントみなさん自身に責任があるということなのです。

「こんなひどい状態もすべて自分に責任があるの？　そんなものは、もういらない」というかも知れません。

ここで理解して欲しいのは、この「責任」という言葉は、非難するために使っているのではないという事です。

後悔や罪悪感を植えつけようとしているのではありません。

これらのみなさんの創造物も、時ときには役に立つかも知れませんが、もしかしたら、もうあまり欲しくないものかも知れません。

ここで話しているのは、想像できるものすべてを現実に創り出すだけの、完全な自由を与える「責任」です。

みなさんがイメージすることは、すべて実現化できるということです。


――『バシャール・ペーパーバック⑥』ダリル・アンカ著／関野直行訳／VOICE

ここで、エベン・アレグザンダーの言葉を思い出してほしい。脳の重病に侵され、臨死体験で死後の世界を知った彼の言葉は「地球では高次の次元では考えられないかたちで、悪が影響力を行使することが許されていた。ときには悪が優勢になるのを創造主が容認しているのは、我々人類という存在に自由意思の恩恵を授けるためにそうする必要があったからなのだ。（中略）しかしながら自由意思というものは、愛と受容から離れる代償を払うかたちでしか得られない。人間は自由な存在でありながら、自由などないと錯覚させる環境にがんじがらめに取り囲まれているのである」というものであった。

これは、バシャールの言葉の意味を反対側から説明したものだ。


つまり、我々が意識のなかで強く「こうだ」と思っていることが「現実」になる。であるから、自分にとっての真実を大胆に行動に移すことが大切である。世界や宇宙は自分自身がつくり出すものなのだ。そして、その一方で、想像できるものをつくり出す責任も負っている。

「自分の与えるものが、自分に返ってくる」

これが、シンプルで強力なたったひとつの宇宙の法則である。ただし、同時に責任も負わねばならない。私たちは望ましくないものを「現実」にしてしまうこともある。

そして、今の地球では、高次では考えられないことだが、悪が優勢になることもある。創造主が我々人類に自由意志の恩恵を授けるため、そうする必要があったからである。

私たちは、「現実はこうあるべきだ」などと思い込んで自分の望まない現実をつくり出さず、自分の好きな現実をつくり出すべきではないか。

そのためには「ワクワクすることを、情熱をもって取り組む」ことがなにより大切で、そうすることで思いが成就するように、宇宙全体がすべての準備をしてくれるのだ。悪が優勢となっている、いまの地球の危機的状況下だが、我々人類の多くが真理に気づいてくれれば、このコロナとの戦いに勝てる。必ず勝てる。

望ましくないものを「現実」にしてはいけない。

私の提唱してきた「心の対応策」のような考え方や思想は、今は「スピリチュアル」な考えとして一括りにされがちだが、バシャールの次元では、スピリチュアリズムは哲学であり、哲学は「物理学」だという。動かしがたい真実であり「真理」なのだ。

今までに、出口王仁三郎が残した『日月神示』の予言や、マザー・シプトンの四行詩の予言を見てきたが、このような予言が果たして偶然の一致として片づけられるだろうか。

バシャールは予言についてはその流動性から、あまり重きを置いていないようだったが、その彼も偶然性については次のように言っている。

「物事が起きるのには必ず理由がある。偶然はない。そこには必然性しかない。百パーセントそう言える」

そして、「自分の与えるものが、自分に返ってくる」と……。

こうした宇宙の真理を踏まえ、今の地球の状態がなにを意味しているのだろうかを考えなくてはならない。

世界を見渡したとき、今の世界の指導者たちは人々が本当に「心許せる」リーダーたちだっただろうか。人類が、世界が、地球が抱える諸問題に皆が正面から解決へ向かって取り組んでいたと言えるだろうか。地球温暖化問題ひとつをとっても、超大国のリーダーたちより北欧の少女ひとりの方が正論を言い続けてきた。

今からでも遅くはない。「心四か条」と「行動四か条」をしっかりと胸に抱いて、情熱をもって立ち向かおうではないか。ワクワクして取り組もうではないか。世界中に情報網が行き届いてからはじめてのパンデミックを経験しているいま、世界の皆が共通して必死で一つの物事に立ち向かっているのは、もしかしたら人類史上はじめてのことかもしれない。このようなときこそ「ポジティブな考え方」が必要だ。今こそ、過去の賢人たちやバシャールの知恵を借りようではないか。

我々は、心の武器である「心四か条」を携えてポジティブに戦い、「行動四か条」でしっかりと身を守る行動に徹するのだ。

こうした明確な「綱領」が、我々一人ひとりに必要なのである。

日常の生活においても、仕事においても、学校生活においても、我々は常に「志を同じうするもの」として家訓や社訓、校則や基本理念を掲げてきたはずだ。いまこそ世界共通の「錦の御旗」を掲げよう。

くどいようだがもう一度、「心四か条」と「行動四か条」を明示しておく。

心四か条

1・物事が起きるのは偶然ではなく必然だということを知り、洞察する

2・「自分の与えるものが、自分に返ってくる」ことを知り、思索する

3・情熱と希望をもってワクワクしながら、一日もはやい感染の終息を待ち望む

4・弱者への思いを忘れず、できることから手を差しのべようと努力する

行動四か条

1「アクティブ・ディフェンスの実行」（積極的防衛）

2「ポジティブな考えで、アクティブには動かず」
3「Ｄ－デーを楽しみに日々を過ごす」
4「今だからこそできることを実行する」

賢人たちからのメッセージを理解し咀嚼し、心に武器を持ち、人類共通の綱領を掲げて、日々希望豊かに生活を送ろう。
恐れやネガティブな心とおさらばして、ワクワクしながらその日を待ち望もう。ドシャ降りの雨はいつまでも続かない。必ず晴れの日はやってくる。それまでは、心に宇宙の真理を携えてコロナに立ち向かおう。

**これらの固有振動数が、ある瞬間のみなさんの性格を決定します。**
**そして、その瞬間の性格が、体験する現実を決めます。**
**みなさんはこの現実の中にいるのではなく、みなさんがこの現実そのものなのです。**
**ですから、道をはずれるということはあり得ません。**

なぜならみなさん自身が、道そのものだからです。

自分自身からはずれるということはあり得ません。

まわりの現実に起きることはすべて、みなさんの中で起きていることです。

したがって、まわりの現実が自分の望むものでなければ、そこから学ぶべきものを学び、いかに自分の望むものに変えていけるかを学んでください。

自分のまわりの現実に責任をもつということは、自分を非難することではなく、完全なる自由を自分の手にするということです。

自分で望まないことが人生に起きたとき、別に「あなたは、ここでとどこおって先に行けない」ということを示しているのではありません。

また、「あなたは創造主として失格だ」という事を教えようとしているわけでもありません。


そうした状況は、みなさんの中に自分で望まない観念があるということを見せるために起きています。

もし、それが望むものでなければ、望む方向に自分で変えていけるように。

自分自身のものでないものは、変えることはできません。

望むものであれ、望まないものであれ、自分にふりかかる現実を自分のものとしてみてください。


起きている現実を自分のものとして見るということは、なにも嫌いな現実を好きになれということではありません。

自分の嫌いな現実を、唯一可能な現実だと無理やり信じ込んで、自分をそれに合わせていくことではないのです。

「自分こそが、この現実を創り出している創造主で、それゆえに自分が望む方向に変えることができる」ということを認めるだけのことです。


——『バシャール・ペーパーバック⑥』ダリル・アンカ著／関野直行訳／VOICE

コロナ禍に対応するための心の準備は整ったことと思う。では、バシャールが言及する、「自分たちのなかに自分で望まない観念がある」とは、いったいどういうことなのだろうか。

バシャールはこうも言う。


次のことを理解してください。

とても大切な原理です。


「人は自分の波動でない現実を体験することはできない」


みなさんの波動がなんであれ、それがみなさんの受け取る現実です。

この特定の物理次元の中で、みなさんが意識を表層意識と潜在意識（または無意識）に分けてしまったため、時々、みなさんは「潜在意識」の部分から現実を創ってしまいます。

意識的に望んでいるもの以外のものをひきつけてしまったりします。

これはとりもなおさず、みなさんの中にある一番強い概念が、外に伝わっていくからです。

ですから、その波動がたとえば「怖れ」だとしたら、怖れを見せてくれる状況をひきつけやすくなります。

なぜなら、「これが起きるに違いない」とか「こんなことが起きたら嫌だ」と怖れているとき、実際にみなさんは「自分はそういう現実をひきつけやすいと信じている」といっていることになるからです。

そうすると、宇宙はみなさんが外に放出している一番強い観念を反映する現実を、しっかりと与えてくれます。

思い出して欲しいのは、創造のただひとつの法則です。

法則は百もありません。十もありません。

たった、たったのひとつなのです。

それだけシンプルなのです。

「自分の与えるものが、自分に戻ってくる」

これだけです。

これ以外のすべてのものは、そこから派生してくるものです。

**みなさんの与えるものが、みなさんに戻ってきます。**

**もし、自分の受け取っているものが気に入らなければ、そのような反映が自分に戻ってくるには、自分はどんなことを信じていなければならないか、学んでください。**

**自分のもっている観念を細かく見てください。**

**分解して、見てください。**

**そして、再びひとつにして、新しい定義を与えてください。**

**みなさんが望む形に組み立て直してください。**


——『バシャール・ペーパーバック⑥』ダリル・アンカ著／関野直行訳／VOICE

そう、我々は望んでいないことも現実化してしまう。なんとならば、強い観念が現実を引き寄せるからで、潜在意識のなかに「恐れ」やネガティブな要素があれば、その要素が強ければ強いほど、現実となってあらわれてくる。

「ポジティブな考え」を常に持ち、明るく楽しくワクワクするようなことを、情熱をもって実行していくことがなにより大切だということになる。

思い出してみてほしい。最初に私は、魂は体の外にあるゆえに、人は死ぬと体から魂が抜け出るのではなく、魂が拡大するといった方が正しい、と述べた。我々の魂＝意識は、自分の脳内とか体内の領域のものであって、そこから出てくる指示指令で行動していると思われがちだが、実はそうではない。

バシャールはその意識について、「意識や哲学は高次では物理学だ」という。そして「我々の意識が現実を生み出している」という。

エベン・アレグザンダーもまた、著書で意識について触れている。

**科学的世界観は〝万物の理論〟に到達する最短距離であるという考え方に、われわれは慣らされてきた。そこには霊や魂、天国、神といった領域を受け入れる余地は、ほとんど残されていない。だが低次の物質世界を離れ、創造主が宿る広大な世界に旅をした昏睡中の体験は、人間の知識と荘厳な神の世界との間には深遠な溝があることを、私にはっきりと気づかせてくれたのだ。**

**どんな人にとっても意識は何よりも身近なものだが、この宇宙にあるものの中で意識のメカニズムほど知られていないものはない。把握することなど永遠に不可能と思われるほ**

ど、あまりにも身近でありすぎるのである。物質世界（クオーク、電子、光子、原子など）の物理、わけても脳の複雑な構造は、意識とは一切関わりがない。意識の仕組みを解明する手がかりはそこにはないのだ。

精神的な領域の現実に迫る大切な糸口は、意識する存在としての〝深遠な神秘〟そのものにある。この深遠な神秘は、物理学者や神経科学者の手が届く領域からかけ離れたところにあるために、われわれは意識と量子力学の密接な関係……すなわち、物理的現実……に気づくことができずにいるのである。

この宇宙を深く理解するためには、意識が現実を描き出す役を演じていることをまず認める必要がある。量子力学の実験に示された結果は、その分野の一線の研究者を唖然とさせるものだった。そして彼らの多く（ヴェルナー・ハイゼンベルグ、ヴォルフガング・パウリ、ニールス・ボーア、エルヴィン・シュレーディンガー、ジェームズ・ジーンズ卿他多数）は、神秘的世界観に答えを求める方向に視点を転じた。観測者と観測対象とは切り離せない関係にあることがわかり、意識の問題を除外して現実を語ることは不可能であることを悟ったからである。私があちら側の世界で気づかされたのは、この宇宙の言葉に尽くせない広大無辺さと複雑さだった。そこでは存在するものすべての根本が意識であるこ

**とも知った。意識が周りのすべてとあまりにも密着しているために、〝私自身〟とその自分が移動している世界とが不可分の同じものであることを、たびたび感じさせられた。**
**（中略）**
**だが私の体験において特異だったのは、意識もしくは霊魂の直接性、即時性だった。そのことから、意識の基本的な役割を知ることができた。**

――『プルーフ・オブ・ヘブン』エベン・アレグザンダー著／白川貴子訳／早川書房

ここで、一人紹介しておきたい人物がいる。飯田史彦という人だ。エベン・アレグザンダー医師と同様に、ある日突然重い脳疾患で生死をさまよい、臨死体験をした人物である。多くの貴重な気づきを得て生還した後は、人生の意味など、人間の命題についてさまざまに著作している。

では、その飯田史彦の著書『ツインソウル　完全版』から、彼が臨死体験をした際に「光の存在」と問答した部分、「人は人生を終えた後なにを問われるか」という究極の課題について引用する。

私「えっ？……それだけ……ご質問は、たったの三つだけなのですか？」
光「それで、すべてだ」
私「ということは……充分に学んだか、充分に愛したか、充分に使命を果たしたか……たった、この三つなのですか？」
光「その通りだ」
私「人生を終えてから問われるのは、それだけなのですね？」
光「その三つの問いに、すべてが含まれているからだ」
私「すべてが？」
光「ほかに、何を問えば良い？」
私「……たとえば、人間社会で、どれだけ成功したかということも、少しは、価値があるのではありませんか？」
光「人間社会での成功には、価値はない」
私「そこまで言い切ってしまって、良いのでしょうか？……表現が、極端すぎるのではありませんか？」

光「かまわない」
私「しかし、すべてのことには価値があると……あらゆることには価値があると、私はそう信じながら、人間社会で生きてきたのですが……」
光「人間社会では価値があるかもしれないが、人間社会での成功が、こちらで問われることはない」
私「もちろん、人間社会での地位や名誉や、お金や財産が、こちらで大きな評価に結びつくとは思いませんが……それでも、人間社会での成功を目指してがんばった、その努力にさえも、価値がないとおっしゃるのですか？」
光「無い」
私「しかし、あらゆる努力には、それぞれ価値があるのではありませんか？」
光「価値があるのは、ただ、学ぶ努力、愛する努力、使命を果たす努力……この三つの努力だけだ。それ以外は、人として生きる、本来の目的ではない」

——『ツインソウル　完全版』飯田史彦著／ＰＨＰ研究所

このような出来事は、アメリカの医学博士レイモンド・A・ムーディー・Jrが、多くの臨死体験者と面接した内容を著した『かいまみた死後の世界』にも、実例で挙げられている。

中には、光の生命はこの省察を自分に教育を施すために行ったのだと受けとめている人もいる。彼らが映像を見ている時、光の生命は人生において二つのことが重要であると力説するらしい。つまり、他人を愛することを学ぶこと、知識を身につけることの、二つである。このタイプの代表的な話にあたってみることにしよう。

（中略）

死に非常に接近することによってもたらされた〝教え〟は、驚くほどの一致を見せている。ほとんどすべての人が、他人に対する一種独特の深みをもった愛情をつちかう努力が、人生においてたいそう重要であると力説している。光の生命と出会ったある男性は、完璧な愛と承認を感じ取った。光の生命に見てもらうために、自分の全生涯がパノラマのように展開されている時も、この感じは変わらなかった。光の生命の〝質問〟は、あなたもこのように他人を愛せるかと尋ねているように思えた。この男性は今、この世にいる間に、

**そうなるよう学ぶことが自分の務めだと考えている。**

**さらに、知識の探求の重要性を強調している人も大勢いる。これらの人たちは、死後の世界を体験している際、知識の修得は死後も続行されることを感じ取った。たとえばある女性は、〝死〟の体験以来、あらゆる教育の機会を逃さず利用している。別の男性は、「どんなに年を取っていても、勉強を止めてはいけません。勉強は永遠に続くもののように思えるからです」と忠告している。**

――『かいまみた死後の世界』レイモンド・A・ムーディー・Jr著／中山善之訳／評論社

飯田史彦が臨死体験した際に「光の存在」から伝えられたことと、レイモンド・A・ムーディー・Jrが聞き取った臨死体験者の報告――「光の生命」から教わった内容が一致していることに気がつくだろう。

では、ここからは、飯田史彦の別の著書から、コロナ危機への対応のヒントを探ってみよう。

「人生は、なかなか思い通りにならないものですが、それは、わざわざ自分自身で、思い通りにならない人生を計画して、その葛藤や克服から学ぼうとしているからなのです。あなたはこれまで、人生は、思い通りになればなるほど価値がある、と誤解していませんでしたか？　そうではなく、人生は、思い通りにならないからこそ価値があるのです。

一見すると、嫌なこと、面倒なこと、辛いこと、悲しいこと、腹が立つことにしか見えないような出来事が、あなたに、『成長』という大きな価値をもたらしてくれるのです」

「人生は、自分の成長度に応じて自分が設計した問題集ですから、学びを積んだ者ほど、より高度な試練に数多く直面する人生を計画します。したがって、病気や障害などの身体的ハンディキャップや、厳しい生活環境を体験しながら生きる人生を計画してきた人々は、すでに多くの学びを積み、今では人間を卒業する最終試験に挑んでいらっしゃるような、勇気ある、素晴らしいチャレンジャーなのです。そのような方々は、決して『運の悪いかわいそうな人』ではなく、『それほど高度な学びに挑戦するに値する、素晴らしい人』なのですよ。だからこそ、そのような素晴らしい挑戦者の方々のために、私たちも、できる限りのお手伝いをして差し上げて、それらの方々の大きな学びの恩恵をいただきましょう」

（中略）

人生では、「自分が発した感情や言動が、巡り巡って自分に返ってくる」という、「因果関係の法則」が働いている。この法則を活用して、愛のある創造的な言動を心がければ、自分の未来は、自分の意志と努力によって変えることができる。（因果関係仮説：The law of causality hypothesis）

たとえば、アメリカ代替医療協会会長のグレン・ウイリストン博士は、著書『生きる意味の探求』（飯田史彦訳・徳間書店）において、次のように結論づけています。

「宇宙には因果関係の法則が働いているのを知り、すべては自分自身に原因があるということを正しく理解すれば、『どうせ自分にはどうすることもできない』という運命論的な無力感に、とらわれないようになる。このような概念は、初めは恐ろしいと感じるかもしれない。すべてが、自分の責任になってしまうからだ。しかし、実は、この概念を受け入れれば、『自分は運命に翻弄される弱い存在ではなく、望み通りの人生を好きなように創造できるのだ』と自覚することができ、それによって心が解放されるのである。

因果関係の法則は、完全なる正義である。そこには交渉の余地などなく、金や権力や地位などによって、人間に序列をつけることもない。結果は、常に、直接的に、原因から生まれたものであり、よい結果がでることもあれば、悪い結果がでることもある。しかも、最後の審判の日がいつか訪れるのではなく、どの一日も、どの時間も、どの分も、常に審判の時なのである。因果関係の法則と運命とは、決して同義語ではない。運命とは、何かどうにもならない力にがんじがらめにされている状態を指し、一方、因果関係の法則は、私たちの態度しだいで、素晴らしい未来を私たちに与えてくれるものなのである

　このような仮説を、人生を前向きに生きるための道具として活用すれば、「人生は自分の意志によって創り上げるものであり、いつでも望ましい方向へと転換するチャンスが開かれている」という希望を持つことができます。たとえ予定通りの厳しい試練に見舞われたとしても、自分の言動によって、その試練の結果を変えることができるからです。

（中略）

「人生は、因果関係の法則を活用しながら、自分の意志によって創り上げるものであり、あなたには、いつでも、自分の人生を望ましい方向へと転換するチャンスが開かれています。たとえ、予定通りに厳しい試練に見舞われたとしても、その試練の結果は、自分の言動によって変えることができるのです。あなたは、変えることのできない一本道の運命を、

**いやいや押し付けられているのではありません。今後の人生のシナリオを、あなたの意志と言動によって、常に選び取りながら生きているのです」**

――『〈完全版〉生きがいの創造』飯田史彦著／ＰＨＰ研究所

いま人類が抱え込んだ喫緊の問題「コロナ危機」についても「因果関係の法則」があてはめられる。

つまり、私自身が多くの過ちを繰り返しながら、このような試練を招いてしまったということである。だが、因果関係の法則を正しく理解し、みずからの責任を認めて、自分の意志で望ましい方向へと転換させるチャンスもまた、そこにあるのだ。

「自分の発した感情や言動が巡り巡って自分に返ってくる」という因果関係の法則を活用し、愛のある創造的な言動を心がければ、自分の未来は自分の意志と努力によって変えることができるということだ。バシャールの言葉の「自分の与えるものが、自分に戻ってくる」と同じ意味である。

バシャールの言う「自分こそが、この現実を創り出している創造主で、それゆえに自分が望む方向に変えることができる」と認めればよいだけだ。「人は自分の波動でない現実を体験することはできない」のであるから、このコロナ禍は、私の責任であり、この事態に直面する者の責任なのである。

私自身がどこか間違った生き方をしてきたか、選択の連続でネガティブになっていたか、あるいは中間生でみずからが設定した試練だったのかはわからない。


私は、あるころからずっと、心のどこかに「実はこの世界は全部、自分の生き方に連動していて、すべての人々や生き物や空気や風や地球や宇宙までもが、自分仕様にセットされていて、豪華なつくりの映画のように、自分の人生を物語る舞台となっているのではないだろうか」といった思いを抱いていた。普通に考えたらありえない思考だろう。

しかし、先に紹介した『ワープする宇宙』などにも述べられていた事実が、私の考えを確信へと導く推進力となった。私自身が毎瞬毎瞬、選択の連続をおこなっている。その選んだ結果によって、スライス状に無数にある宇宙、そして地球へと、私の魂が瞬間移動している。そのことに私たちは気づいていないだけだ。

もちろん、周囲の人々や社会や国内外情勢があるのには違いないし、周りの人々も実際に同じ次元の地球上で生活を共にしている。

けれど、彼らの正体は、私が選んだ「この地球」に一緒にいてくれている「彼ら」なのだ。そのことに彼ら自身も気がついていないだけだ。だから芝居がかっていない。リアルな存在なのだ。

言い方を変えると、私の人生が創造する（生き方が導き出す）世界のなかに、その愛おしい彼ら——直接の知りあいも、そうでない多くの人々も——がつきあってくれているということだ。

そして、その世界は私のせいで大火事になりつつある。

# 第5章　人生の目的～コロナ制圧後の世界へ

「人生の目的」とはなんだろうか。

コロナ制圧に向けて必死で戦っているのに、人生の目的などと悠長に考えてる暇などないと言われるかもしれないが、そうではない。

人生の目的をはっきりと知ることで、なぜいまコロナなのか、これからどうすればいいのか、いろんなことが見えてくるからだ。

人生の目的について、多くの賢人たちや、気づきを得た識者や学者や医師、臨死体験をした人たちや知的生命体、あるいはガイドやハイヤーセルフや精霊たちのメッセージをまとめていくと、次のようになった。

・魂を磨き、カルマをなくす

人は輪廻転生するうちに多くのカルマを背負ってきた。だが、今世の人生においてみずからの魂を修練するという明確な課題を設ければ、カルマは今回の人生で解消することもできる。

私たちは中間生でガイドと一緒に、今回の人生のクリアすべき課題をつくって転生してきている。その真理に気づくかどうかが大切だ。

「自分が与えたものが、自分に戻ってくる」というのが、全宇宙に行き渡っている摂理であるから、そのことを知り、「愛する努力、学ぶ努力、使命を果たす努力」をおこない、一生を終えたのちに「光の存在」に見せたいと思えるような、満足のいく生き方をすることが大切である。

・地球を大切にする

我々人類は地球という惑星の新参者だ。その新参者が大きな顔をして、母なる惑星「地球」をぶっこわしている。世界のリーダーたちが率先して「SAVE THE EARTH」を進めないと取り返しがつかなくなる。もし、リーダーたちがそれに逆行するならば、この命題は一人ひとりの行動に託される。危機意識をどれだけの人が持つか、行動するかが問われている。これもまた、物質世界に生まれ落ちた我々の人生の目的なのだ。

・ポジティブに生きる

ポジティブな考え方や生き方は「他に奉仕する」「拡大する」「楽しむ」といった傾向を持ち、ネガティブな考え方や生き方は「自分に奉仕する」「分裂する」「苦しむ」という性質を持っている。また、ポジティブな考えはワクワク感や喜びの感情に立脚し、ネガティブな考えは恐れや怒りといった感情から派生している。我々はこの人生において「ワクワクするようなことを情熱をもっておこなう」ことが非常に大切である。そうすることで、自分のしたいことができるように、宇宙全体がすべての準備をしてくれるのだ。

テーマが大きすぎて、自分でもそのように生きることができていない部分があるが、少なくとも、生きる意味、目的、目標がわかれば、意識して生きることはできるはずだ。

バシャールはこう言う。

**みなさんの「目標」は、みなさん自身から分離されたものではないということです。**

自分はこちらにいて、「目標」が何キロも離れた向こうにあるわけではないのです。
みなさんが、目標そのものなのです。
目標は、皆さんそのものなのです。

ですから、みなさんがこれからすることは、目標に向かって進むことではありません。
みなさんは、自分をワクワクさせるものに、ついていくのではありません。
自分が、ワクワクそのものになるプロセスを行っているのです。
「自分がすでにそうであることを知る」というのがこの考え方です。
そして、これを知れば知る程、本当のみなさんを反映するものが、みなさんのまわりに
「現実」として現れてくるでしょう。

次のことを理解してください。
とても大切な原理です。

「人は自分の波動でない現実を体験することはできない」

――『バシャール・ペーパーバック⑥』ダリル・アンカ著／関野直行訳／VOICE

さらに、臨死体験中の飯田史彦に「光の存在」が伝えた「価値があるのは、ただ、愛する努力、学ぶ努力、使命を果たす努力……この三つの努力だけだ。それ以外は、人として生きる、本来の目的ではない」ということ。

飯田史彦に伝えられた「使命を果たす努力」とは、ここでの場合、臨死体験中に見聞し学んだことを人々に伝える、真理を広める、といったことのようだ。その部分について、彼は「究極の光」から次のようなメッセージを受け取っている。

**光「この世界で学んだことを、ふたたび物質世界へ戻ったのち、人間として生きる魂たちに、人間の言葉を用いて伝える必要があるからだ……その使命を果たすために、お前は意図的に、人間としての感覚を残したままで、この次元に戻ってきているのだ」**

――『ツインソウル　完全版』飯田史彦著／PHP研究所

「人生の目的」を明確化し、意味のある生き方を意識するだけでも大きな進歩ではないだろうか。「コロナへの対抗・制圧」に向けて「人生の目的」は大きく寄与してくれる、または強くリンクするという実感を持てるだろう。心の武器としての「心四か条」「行動四か条」といったものとも、強く関わってくるとわかってもらえるはずだ。

「人生の目的」を知ると、人間社会の成功などよりも、むしろ「自分を見つめ直す」ことの方に指針が向かう。その結果、周囲の人たちへの愛情が再発見される。

シャーリー・マクレーンの著書『アウト・オン・ア・リム』に、以下のような一節が出てくる。彼女に友人がアドバイスする言葉である。

「自分の山に登るのをやめて、自分の内部に旅をするように」

「君の探しているものは、すべて君自身の中にある」

これに対して彼女はいったん否定するが、よく考えると思いあたる部分があることに気がつく。そして次のように述べている。

**ある人間が社会的に成功し、責任ある立場につき、しかも自分の仕事が創造的だと感じている時、自分の奥深い所で何か大切なものを失っていることに気づくのは至難の技である。**

——『アウト・オン・ア・リム』シャーリー・マクレーン著／山川紘矢、山川亜希子訳／角川書店

私自身も四十歳代後半に仕事で大きな痛手を負った。それはたんにビジネス上のエラーではなく、自身の生き方のエラーでもあり、そこに気づきと後悔と反省と自己嫌悪と……他にもいろんな感情が入り乱れた。

「好事魔多し」とか「月に叢雲《むらくも》、花に風」とか、昔から「よいときほど邪魔されやすい」とはよく言われてきたが、なにか他のもののせいではないのだった。見落としていたことも多かったし、慢心や傲りから、本来あるべき自己がレールから逸脱していたのだ。

私は、このときはじめて自分の内面と向き合った。

そこで、そうした自己変革をうながすような時期には、絶妙なタイミングでいくつかの

サインが出ていることにも気がついた。奇跡のようなタイミングで、不思議な出来事やシンクロニシティが折り重なって出現した。一瞬早くもなく、一瞬遅くもなく。

いま思えば、私のガイドやハイヤーセルフたちが、私の生き方や考え方の間違いを正すべく、知らせを送ってくれていたのだろう。

私は、長年吸い続けた煙草をやめた。ギャンブルをやめた。お酒をやめた。そのかわりに本を読んだ。絵を描いた。昔はバンド活動をしていたので、夜毎ギターを弾いた。禁酒禁煙の勢いをかって、ウォーキングや自宅での筋トレをおこなって健康に気を配った。

なによりよかったのは、このような生活態度の変化からか「生きる目的」、人生観や死生観に思いを至らすようになったことである。刹那的な楽しみを極力避けることで、結果的に「より深い人生の楽しみや喜び」が滲み出てきたような感覚があった。

人生の曲がり角で立ち止まり、どう判断するか、もしくはどう行動を変えるか。今の自分が「とてもよくやっている」などとはこれぽっちも思わない。未熟なりに、これからも行動していかねばならないのだろう。

コロナの蔓延とともに世界の仕組みも大きく変わろうとしている。「パラダイムシフト」

だ。いままでの経済システムや価値観、思想や問題意識が一気に、大きく変わるだろう。我々はこの世紀の大転換の目撃者になるのだ。間違いなく歴史の教科書が大きく書き換えられる瞬間だ。

ボブ・ディランの歌『時代は変わる』の一節に「溺れる前に　泳ぎだそう　時代は変わるのだから……」というものがあった。崩壊寸前のソビエト連邦で、ビリー・ジョエルが観衆の前で歌った曲だ。だが今はそれ以上の世界的・地球規模の大転換が目前に迫っている。世界中の社会システムにおいて、変容が求められている。

このようなときこそ、人々は「自分の山に登るのをやめて、自分の内部を旅する」必要があるのではないだろうか。「人生の目的」を自分なりに探して、新たな気づきとともに生き方を変容させるときなのではないだろうか。

私の卑近なところからも「ピンチをチャンスに」の実例があったのだ。

七十七億人の人類がいまの事態に対して「気づき」が生まれないはずがない。

この、地球の危機において、光ある世界へと変容させる力を、はたして我々人類は今から発出できるだろうか。

バシャールは、まるでコロナ禍について諭すが如く、二〇〇七年の須藤元気との対談で次のように喝破した。

**須藤** なるほど。ちなみに、地球外文明からの視点で、この地球の人類文明の総括というか、得たものや失ったものを評価してもらうことはできますか。

**バシャール** みなさんは何も失ってはいません。ただ忘れてしまっただけです。前にも言ったように、これはスピードがきわめて加速された形で闇から光に変容していく、特別な経験としてつくられています。

このことの第一の目的は、「どのような状況においても変容は可能である」ということを全宇宙に知らしめることです。

宇宙には似たような惑星がわずかながらありますが、地球、そして地球にいる人類は、非常に難しい状況の中でも、その状況に挑戦し、他の多くの文明にそのレッスンを教えた勇敢な魂であるということで、宇宙全体から拍手喝采《かっさい》を受けています。

須藤　それはうれしいかぎりです。僕らもやりがいがあります。
バシャール　そうです。ありがとうございます。
須藤　これから目覚めつつあるわれわれ人類に、何か勇気のわき上がるメッセージをいただけませんか。
バシャール　私たちの目から見て、みなさんはまったく限界のない存在です。私たちは、みなさんがこの地球上に美しいパラダイスを必ずや実現できると信じています。そうでなければ、私たちは今みなさんと話をしてはいません。
みなさんが経験することは、どんなことにも理由があるのだということを私たちは保証します。
私たちがみなさんを信じているのと同じくらい、強く自分自身を信じてください。みなさんがしなければならないのは、それだけです。
みなさんは、「大いなるすべて」の無条件の愛とサポートを受け取るだけの価値がある存在です。価値がある存在でなければ、存在しているはずがないからです。

――『バシャール　スドウゲンキ』須藤元気、ダリル・アンカ著／VOICE

地球上では多くの尊い命が失われ、罹患された方々は今も薬のないなか闘病に苦しみ、経済的には多くの人々が失業している。世界の苦悩に対して、私たち一人ひとりが「これ以上の犠牲者は一人も出さない」という「ひとつの信念」を胸に、必ず、明るい未来へと地球を変容させなくてはならないだろう。

そして、「地球」という振動数の低い厳しい環境を選んで、この試練に挑戦し続けた私たちの魂は、「どのような状況においても変容は可能である」という証拠を勝ち取るのである。

その成功が他の多くの文明に「地球の勇敢な魂」として広く伝播し、宇宙全体から拍手喝采を受けるのだ。

私たちはただ、ひとつの信念をもって自分を信じればいいのだ。我々人類はみな「大いなるすべて」の無条件の愛とサポートを受け取る価値がある存在なのだ。彼ら地球外生命体は、この、惑星はじまって以来の大転換の姿を目撃するために、宇宙全体から総集結し、刮目し、固唾をのんで地球を見守っている。

我々の責任はとても大きく、またその自由度も限りない。だが、いまこそ人類がその本領を見せ、「どのような状況においても変容は可能である」ことを宇宙に実証しよう。

そうするうえで忘れてはならないのが、一人ひとりの「意識」の力だ。いまの状況が「ネガティブな地球へシフトしてしまった」ととらえるのではなく、ポジティブな地球へと変容する渦中にあるのだと知るべきだ。

その気づきと、そこから発生するポジティブな考えが世界中にひろがり、共鳴することこそが、新型コロナウイルスがもっとも恐れているシナリオなのだ。

奴らにとどめを刺すのは、一人ひとりの気づきと前向きな意識なのだから。

私がこの本の執筆に至った一連の流れも、偶然の連続のように見えて、必然の出来事なのである。

執筆をつづけていたある日、出社したところ、デスクの上にあった多くの郵送物や会議資料に混じって、商工会議所の会報誌が置いてあった。普段は忙しくてあまり読まないのだが、今回は目に留まる記事があって驚いた。なんと、昨夜自宅で書いた「ひとつの信念」の重要性が、そこにも書かれていたのだ。

（読み）

「子曰く、賜や、女は、予を以て多く学びて之を識る者と為すか。対えて曰く、然り。非なるか。曰く、非なり。予は一以て之を貫く」


（解釈）

孔子先生がおっしゃった。

「賜（子貢）よ、お前は私を良く勉強していて何でも知っている博学多識な人だと思っているのか」

子貢が答えた。

「もちろん、そう思っておりますが、間違っているでしょうか」

孔子先生がおっしゃった。

「それは間違っている。私はただ一つの信念を貫いているだけなのだ」


（中略）

素晴らしい信念を持つためには、自分の心が望んでワクワクしていること、苦しさにもがきながら見つけたこと、更には自分の向き不向きや合う合わない等の能力的な適性を知ることで、自分が積み上げてきたものを大切にし、生き続けることだ。（中略）一緒に自分の心を見つめ、実行し、素晴らしい経営を行ってまいりましょう。理想を叶えるためのヒントは自分の中にあります。

〈倉敷商工会議所会報『倉敷四』西田和英〈論語と経営〉より〉

ここでも「シンクロニシティ」が起きていた。

「理想を叶えるためのヒントは自分のなかにある」のだ。

このことについて、シャーリー・マクレーン著『アウト・オン・ア・リム』からも引用する。

「君の質問は、要するに、どうして人間はこの世に生まれたのか。生きている目的は何なのかということ?」

「ええ、きっとそういうことだわ。私のように欲しいものは何でも手に入れて、やりたいことは何でもやって、そのうえ、いったい何のために生きているのかしらと思うなんて。不幸だからこんなこと思っているわけではないのよ。私はとても成功しているし、とても幸せだわ。麻薬中毒や、アルコール中毒ってことはないし、仕事は楽しいし、いいお友達も多いし、ちょっとやっかいな問題を抱えてはいるけど、私生活の方も充実しているわ。でも、私の目に見えない何か大きな力が人生の本当の目的に向かって私を動かしているような気がするの」

デイビッドはあごに垂れた桃の汁を手で拭《ふ》いた。私はこんな質問をしてしまってから、なぜかデイビッドには答えられる気がして安らかな気がしてきた。

デイビッドは指についた砂を払い落とすと、

「〝幸福は自分の裏庭にある〟とアル・ジョンソンは言っているよ」と言った。

「まあ、いい言葉ね」と言って私は笑った。

「私の家の裏庭は太平洋よ。だからどうなの？」

「幸福も、人生の目的も意味も、みな君の内にあるということさ」

「もうちょっとわかりやすく言って欲しいわ」

私は少しイライラした。

**「うん、わかった。それはこういうことだ。君がすべてなんだ。君がしりたいことは君自身の内に全部ある。君自身が一つの宇宙なんだよ」と彼は言った。**

――『アウト・オン・ア・リム』シャーリー・マクレーン著／山川紘矢、山川亜希子訳／角川書店

この会話の箇所は、私が夜ベッドに入ってから読んだ部分だった。そして次の日の朝、会社の私のデスクの上に無造作に置いてあった冊子にもまた、「理想を叶えるためのヒントは自分のなかにある」と書かれていたのだ。シンクロニシティが折り重なるようにあらわれていた。私の活動をなにか大きな力が後押ししてくれているようにも思えるのだ。

自画自賛、我田引水かもしれないが、「自分を許可してあげる」ということも大切だと賢人たちからのメッセージにもあった。自分の内面と向き合って考えて、責任をもって自由に選択し活動するわけだから、つまり我々は、自分の内面ともっと話しあわなければならない。人がどう思うかは関係ないのだ。人の評価はすぐに変化する。朝礼暮改であり、毀誉褒貶《きよほうへん》が激しいものなのだ。みうらじゅん著『マイ仏教』から引用する。

**人間は弱いもので、常に自分を他人と比較して生きています。また比較しなければ、自**

分が今どのような位置に立っているかを自覚できないものです。

良いか悪いか。
カッコいいかカッコ悪いか。
おもしろいかおもしろくないか。
幸せか不幸せか……。

この世にいるのが自分だけだとしたら、比較もしないし、もしかしたら苦しみも生まれないかもしれません。他人がいて、それを比較する言葉があって、はじめて自分の立っている位置を認識します。比較ができるからこそ人類は進歩したのかもしれないし、比較こそが苦しみを生む原因なのかもしれません。

これを「比較三原則」と私は勝手に呼んでいます。
〝他人と過去と親〟。この三つと自分を比較してはいけないのです。
（中略）

**悩みの根源が比較にあることに気づくことで、楽になれることも多いはずです。むしろそのことに気づかないままでいる方が、圧倒的に苦しい。**

――『マイ仏教』みうらじゅん著／新潮社

なるほど、ものごとの本質をとらえた思想がある。

また、我々は「今」を生きているのであって、過去も未来も存在しない。常に「今」の選択の連続を生きている。このことについて、みうらじゅんは「過去は終わったことで、未来はわからないこと」と述べている。

イエス・キリストはこのことについて次のように言われた。

「明日のことまで思い悩むな。明日のことは明日みずからが思い悩む。その日の苦労は、その日だけで十分である」

我々は、まず自分自身と向きあい、そこから気づきを得る。個人が意識を持って選択を繰り返し、毎日の生活は「心四か条」「行動四か条」をもって、肝に銘じて、信念を貫いて今を生きていく。

そうすれば、晴れの日は必ずやってくる。

新型コロナウイルスの世界的蔓延は悲しい出来事ではあるが、今からでも遅くはない。全人類が気持ちを一つにして立ち向かおう。

心四か条にも、それぞれに課題がある。心四か条は、
1・物事が起きるのは偶然ではなく必然だということを知り、洞察する
2・「自分の与えるものが、自分に返ってくる」ことを知り、思索する
3・情熱と希望をもってワクワクしながら、一日もはやい感染の終息を待ち望む
4・弱者への思いを忘れず、できることから手を差しのべようと努力する
というものだが、それぞれ、
1・物事が偶然に起こるのではなく必然だとするなら、私はなにに気づかなければならないのか。

2・自分の与えるものが自分に返ってくるという因果応報の法則を考えたとき、私は今、なにをすべきなのか。

3・情熱とワクワク感を持ってコロナに対峙していくには、私はなにを考え出して、はじめたらいいのか。

4・立場の弱い人々のことに気持ちを巡らせたとき、私はいま、なにができるのか。

これらが、心四か条に沿って考えていく課題である。

さらに前に進むためには、行動が必要だ。「アクティブ・ディフェンス」と「ポジティブな考えでアクティブには動かず」「〝D－デー〟を楽しみに待つ」「今だからできる事をワクワクしながら実行する」……行動四か条である。


では次にOSHO著『死ぬこと　生きること』から引用する。


**個人がますます意識的になるにつれて、選択する能力は、ますます深みのあるものになる。個人が無意識であればあるほど、彼の選択する能力は深みが少なくなる。**

**（中略）**

だから、そこには三つの段階がある。一つの段階は、無意識の状態で成り立っている。そこは無意識が理由で、起こることは何であれ、ただ起こるところだ。選択はほとんどない。選択が存在する二番目の段階は、人間の段階、意識の段階だ。ここでは、起こることは何であれ、私たちの選択が理由で起こる。ここでは、私たちはそのための責任が、他の誰かにあると思うことはできない。もし人が泥棒なら、それは彼の選択だ。もし人が正直なら、それも彼の選択だ。この段階においては、人が何であろうと、それは究極的に彼の選択だ。人間の段階においては、生じるものが何であろうと、それは選択が理由だ。この水準は半意識と半無意識の状態で成り立っているので、私たちは時たま、自分たちが選びたくないものを選んでしまう。

これは非常に興味深いことだ。私たちが時たま、そもそも選びたいとは思わなかったものを選ぶということは、非常に正反対に聞こえるが、実際に私たちは毎日そうしている。あなたは怒りたくないが怒る。これは何を意味するのだろうか？　それは、怒ることを望まないという考えがあなたの意識の部分から来る間に、怒りがあなたの無意識の部分から生じている、という意味だ。

――『死ぬこと　生きること』ＯＳＨＯ著／市民出版社

こうした論説自体は、ここまでに多くの賢者たちからも言及されてきたものだ。たとえば、グレン・ウイリストン著『生きる意味の探求』にはこうある。

**宇宙には因果関係の法則が働いているのを知り、すべては自分自身に原因があるということを正しく理解すれば、〝どうせ自分にはどうすることもできない〟という運命論的な無力感に、とらわれないようになる。このような概念は、初めは恐ろしいと感じるかもしれない。すべてが、自分の責任になってしまうからだ。**

——『生きる意味の探求』グレン・ウイリストン著／飯田史彦訳／徳間書店

個人が意識して選択することによって「現実」を顕現しているのだが、その自由の代償として責任が生じているのだ。因果応報の法則でも明らかなことで、「自分の与えたものが、自分に返ってくる」というわけだ。

しかも我々はときたま、自分たちが選びたくないものを選んでしまう。自分の意識が選択する前に、みずからの無意識の部分で事象を発生させてしまっているのである。

新型コロナウイルスのパンデミックもそういうことである。
私自身の選択ミスで今の「現実」が生じている。パラレルワールドを選ぶときに、自分が選びたくないものを無意識の部分が選んでしまった可能性があるということだ。

では、自分の意識を覚醒させていくためにはどうすればよいのだろうか。私は個人的に絵を描いたり音楽を楽しんだりするので、その部分から考えてみた。ＯＳＨＯの言説にも同様の記述があったので引用する。

**木を見る時、私たちは単に緑色を見るだけだ。一方、画家の目は、無数の方法で混ざり合った色合いの緑を持つ無数の緑の木を見る。だから普通の人にとって、緑は単なる一色であるのに反して、画家の目では緑色は一つではなく同種の多くの色になる。彼にとって一つの緑色と別の緑色との違いは、それが緑色と黄色、あるいは緑色と赤色の違いと同じくらい明白だ。それでも、人がそのような素晴らしい色合いを見るためには、特定の種類の感受性が必要になる。明らかに、人々は通常そのような感受性を所有していない。**
**音楽家は音楽の中に、私たちには感じ取れない微妙なニュアンスを感じ取れる。**

彼はそのニュアンスを感じ取れるだけでなく、二つの音符の間の隙間、空の状態を表現し始めさえする。本当の音楽は音から生まれるのではなく、むしろそれは音の間に存在する沈黙の瞬間から生じる。どちら側の音符も、単にその沈黙を作り出すための仕事をするだけだ。それがすべてだ。しかし人々は、この沈黙に関しては何もわからない。彼らにとって、音楽は雑音に過ぎない。

熟達した音楽家にとって、歌詞、あるいは音符は音楽に直接関わるものではない。彼にとって楽譜は、単にその間に存在する無音の状態を強調する目的にかなうものだ。そのように、絶え間なく実践するものは何であれ、持続的に決心するものは何であれ、表に現われ始めて結果を示す。

人間、鳥、動物、植物が生きる方法は、彼らの意志によって決定される。私たちが深く決意するものは、何であれ私たちがそうなるものだ。

――『死ぬこと　生きること』ＯＳＨＯ著／市民出版社

では、ＯＳＨＯの言う「無音」の意義を、別のところからも補強してみよう。

ニール・ドナルド・ウォルシュ著『神との対話』から引用する。

**こうして、突然に三つの要素が生まれた。ここにあるもの。あそこにあるもの。そしてここにもあそこにもないが、ここととあそこが存在するためには存在しなければならないもの。**

**つまり、あらゆるものを包み込むのは無である。空間を包含するのは、非空間である。部分を支えるのは全体である。**

——『神との対話』ニール・ドナルド・ウォルシュ著／吉田利子訳／サンマーク出版

と言った内容だ。この文章は実は「大いなるもの」「ひとつなるもの」「存在のすべて」といったものが、みずからを体験的に知ろうとしたことで、自分を分割し「これ」と「あれ」と「どちらでもないもの」が生じたところの話なのである。

新型コロナウイルス感染拡大の世界的危機についても、自分自身の「選択」の連続のなかで起きた現象としてとらえるならば、時に望んでいないものを選んでしまう——すなわち、無意識から生じさせてしまったことなのかもしれないのである。

だから、選択の自由を得ると同時に責任を自覚しなければならない。

魂の修練が足りない意識が、毎瞬毎瞬の選択をおこない、パラレルワールドへみずからの魂が瞬間移動した結果、今の世界にいるのだから。

こうしたことについて、ニール・ドナルド・ウオルシュが神から授かった言葉がある。同じく『神との対話』より引用する。

あなたがたは大きな創造の機械であって、考えるのと同じ速さで新しい事を出現させている。出来事、事件、条件、環境、すべては意識から創造される。個々の意識はそれほど力強いものだ。二人あるいはそれ以上の数のひとたちが、わたしの名において集まったら、どんなに大きな創造的エネルギーが放出されるか、想像できるだろう。それでは集団意識ならどうか。集団意識は全世界に広がり、全地球的な結果をもたらす出来事や環境を創造するほど大きな力がある。

あなた方の考え方からすれば、そうした結果をあなたがたが選んだわけではない。わたしが選んだのでもないし、あなたがたが選んだのでもない。わたしと同じで、あなたがたはそれらを見ている。そして、それとの関係で自分は何者であるかを決める。

世界には犠牲者もなければ、悪人もいない。誰も、他者の選択の犠牲者ではない。ところがあるレベルでは、あなたがたはみんなで唾棄《だき》するものを創り出している。創り出したということは、それを選んだということだ。

これは進んだレベルの思考だ。すべての〈マスター〉は遅かれ早かれ、このレベルに到達する。すべての責任を引き受けたときにはじめて力を得て、ほんの一部でも「変える」ことができるようになる。

「こんな目にあう」のは、何か、あるいは誰かのせいだと考えているかぎり、どうすることもできない。「わたしの責任だ」と言ったときはじめて、それを変えられる。

自分がしていることを変えるほうが、他者がしていることを変えるよりずっと容易だ。

なにごとであれ、それを変える第一歩は、選んだのは自分だと認め、受け入れることだ。個人として責任があると思えなければ、わたしたちはすべて一体であるという理解を通じて、認めなさい。それから、間違っているからではなく、ほんとうの自分にふさわしくないからという理由で、変化させる努力をしなさい。

何かをする理由は、ひとつしかない。宇宙に向かって、自分が何者であるかを示すことである。そうすれば、人生は自己の創造になる。あなたがたは人生を使って、真の自分、こうありたいと願ってきた自分を創造する。また、ある行動を拒否する理由もひとつしかない。それが自分にふさわしくなくなった、という理由だ。その行為が、あなたがたの真の姿を表さない（re-presentしない、つまりふたたび存在させない：re-presentしない）からである。

正しい自分を示したいと願うなら、永遠のなかに映し出したいと思う自分にふさわしくないものはすべて、変えていくよう努めなければならない。

大きな意味では、「悪い」ことはすべて、あなたがたの選択の結果として起こっている。間違いは、それを選んだことではなくて、それを悪と呼ぶことである。それを悪と呼べば、自分を悪と呼ぶことになる。創造したのはあなたがただから。

あなたがたは、この悪というレッテルを受け入れられない。だから、自分に悪というレッテルを貼るよりも、自分自身の創造物を捨てる。この知的な不誠実さで心を偽り、あなたがたはいまのような世界を受け入れている。あなたがたが、個人として世界への責任を認めていれば……あるいは、心の底から責任を感じていれば……世界はまったく違った場

**所になっていたはずだ。みんなが責任を感じさえすれば、世界は変わっていた。それがわかっているからこそ、痛ましいし、皮肉なのだ。**

——『神との対話』ニール・ドナルド・ウオルシュ著／吉田利子訳／サンマーク出版

「私の選択と生き方にコロナ禍の責任がある」ということは、パラレルワールドの考え方や、いろんなメッセージを解析するときにも感じていた。しかし、なんの根拠もなく、ただ自分が間違った選択をしてきたからではと思うにとどまっていた。

悪に対して、我々は無関心すぎたのではなかろうか。正しいことを言って窮地に立つ人を他人事のように無視してきたから、自分に返ってきたのではなかろうか。

指導者たちがみずからの保身やエゴのために個人を封殺し、見え透いた嘘を押し通すことに、私はもっと敏感であるべきだったのではなかろうか。

そしてまた、自分自身も同じようなことをしていたのではなかろうか。

そうやって、「自分が与えるものが、自分に返ってきた」ということなのだろう。だとすれば、新型コロナウイルスの世界的感染拡大に対して、一番にしなければならないのは「この事態を選んだのは自分だと認め、自分の心に正直に生きること」なのだろう。

事態を納めるための対症療法だけでなく、尋常ならぬ事態に、世界が、今を生きる我々が陥ったのは、なにが原因だったのか。

それは中国の武漢の……といった物質世界の論拠ではない。もっと本質的な、人々の意識とそれに基づく選択が原因なのだ。私たちは、自由意志でここまで選んできたことへの責任を認め、反省しなければならない。そうしなければ、完全な解決には至らないだろう。

私はここまで書き進めるのに、まったく行き当たりばったりで書いてきた。思いのままに書き進めるのがもっともストレートで伝わりやすいと感じたからだ。したがって、多くの著書からの引用も、自分の書棚から思いつくままに引っ張り出してきてパラパラとめくり、ラインマーカーの入った部分に目を通して抜粋した。

そうするうちに不思議なことに気がついた。私が伝えたいと考え、書き出した内容に即した言葉やメッセージが、本を手に取るたびに、次々とあらわれてきたのである。

書斎の本はかなりの数だ。こちらの文脈にあわせて出てきてくれるようなものではない。それがどうしたことか、このことを伝えたいと思ったとき、常に最適の著書を手にしていた。さらにもっと驚いたのは、その本を無意識にパッと開いたページにいきなり、その言葉があらわれるのである。

ここまで書いてきたが、一つだけどうしても、書き方に迷った部分がある。「今のコロナ禍は自分の選んだ結果の現象で、私自身に責任がある」という部分だ。その、最後の取りまとめに手に取ったのが『神との対話』だった。なにも考えず分厚い本を開き、目を落とすと……そこに「完全なる答え」が待ち受けていた。最後のまとめも自動書記のように出現した。

私はバンド活動をしていたころ、ギターソロを弾く際に、曲によってはアドリブを好んで演奏していた。特にブルースの楽曲には、自分の持つフレーズの引き出しから出てくる音の並びが好きで、聴いている人がどうだったかは別として、自分ではかなり楽しんでいた。

専門的な用語でいうと「ペンタトニックスケール」という音がある。「ペンタゴン」が五角形の建物からの呼称であるのと同様、五つの音がコード進行からはずれない音として存在し、その音を指盤上で追っていくとアドリブ演奏ができるのだ。ただし、ペンタトニックのみではワンパターンとなり面白みがない。やはり先人たちの編み出した美しい旋律を拝借しなければ、なかなかいい演奏にはならない。

また、絵を描くときには構図をとったりデッサンを施したりは一切せず、真っ白なキャンバスにいきなり筆を入れていく。そうすることで「そこに自然にあらわれるもの」をつかまえて、形と色彩を拡げていけるのだ。その方が圧倒的に正直な絵になる。自分のなかから発出する思いと湧き上がる情熱は、事前にプランしたりプロットを考えたりしていたら見失ってしまい、そこに投影できないのだ。

そしてテーマはいつも「人類が間違った選択を繰り返し続けると、この地球を捨てて人工惑星で宇宙を漂流しなければならなくなる、まるでノアの箱舟のように。そして科学を妄信する果てにあるのは予期せぬトラブルであり、後悔や絶望である。したがって今からでも我々は自分と向きあい、魂の存在に目を向け、正しい方向へと選択していかなければならない」といった、「科学文明過信へのアンチテーゼとしての物語」である。

執筆活動も同じことで、いろいろと筋道や表現方法を考えているうちに、大切な「伝えたいと思っていること」が薄れていき、迫力を失って蒸発してしまうように思った。

そこで思いのままに、徒然なるままどんどんと書き進めた。思いつくがまま身をゆだねると不思議と流れがつながっていき、賢人たちのメッセージが次々と論理の裏づけと後押しをしてくれた。

自分のなかではこの濃密な時間や活動もミラクルな出来事だ。全部を捌きされたことが不思議でならない。後押しをしてもらっていた感がある。

では、最後はエドガー・ケイシーという人物のことについてだ。彼はリーディングという方法で多くの人々に前世やカルマのことを伝え、気づきや救いを与えた人物である。人物については『眠れる予言者　エドガー・ケイシー』に詳しい。一読をおすすめする。

ここでは、シャーリー・マクレーン著『アウト・オン・ア・リム』の一節から引用する。

**ケイシーによる処方箋の記録は、医学史上最も大規模なものとなった。一万四千件にのぼる彼のリーディングは、健康のカルマ、精神のカルマ、因果応報のカルマ、家族関係のカルマ、精神異常のカルマ、職業のカルマ等さまざまの例を示していた。**

**しかし、リーディングの中で一番強く言われているのが、自由意思発揮の尊重である。**

ケイシーを通じた〝声〟は、

「人が犯す最も大きな誤りは、人生は、すでに前もって決められており、変えることができないと思ってしまうことだ。現在の人生が最も重要であり、カルマとの関係において、自由意思を発揮することが最も大切である。自分の精神的内面に触れ、人生の目的が何であるかを発見することは、我々の自由意思にかかっている。我々の行ないは、すべて終局的には自分に返ってきて、自分が責任を負わなくてはならない。また責任というものが何であるかを知ることも、自分の責任である」と言っていた。

――『アウト・オン・ア・リム』シャーリー・マクレーン著／山川紘矢、山川亜希子訳／角川書店

バシャールも、OSHOも、『神との対話』で言葉を授かったニール・ドナルド・ウォルシュも、エドガー・ケイシーも、皆がまったく同じことを言っている。

彼らの言葉には、利害や権益や、利己的なものが入る余地はない。完全なる宇宙の摂理を言っているのであって、これを「真理」と呼ぶ。ついに真理にたどり着いた。あとは実行していくことだ。

ケイシーは「責任というものが何であるかを知ることも、自分の責任である」と言っている。これは私には、この事態を招き、現実を顕現したのも自分の自由な意思によるものだから、まずはそれを認めて、責任を感じて、そこからはじめないといつまでたってもうまくいかない、と聞こえる。

言い方は悪いかもしれないが、「転んでもただでは起きない」考えで、ポジティブに立ち向かい、構造や慣例を見直していくこともひとつの責任のかたちであろう。リモート会議などが必要になり、急速に社会にＩＴ化が浸透しているのもそうである。

また、高齢者のことを思いやり、むやみに出歩いたり接触することを避けるという、そのマインド自体が、ひとつの責任として拡大したものだと思う。

こうしたマインドを積み上げていけば、コロナを制圧し、その先にさらに光り輝く未来社会を構築していける。我々人類が苦しんだこの世紀のパンデミックに対する前向きな結論が得られると確信している。

賢人たちからのメッセージは思いのほか多く、重い。知れば知るほど深く、我々が知っておかなければならないことは山のようにある。どうか、これからの心の在り方として、未来に向けて、これらの言葉を活用してほしい。

そして一人ひとりが「コロナに勝つ心」を持っていただきたい。

一日も早いコロナ禍の終息と、罹患された方々の回復を祈念して筆を置く。

# おわりに

二〇二〇年の春、私は六十年間生きてきたなかで、はじめて経験する憂鬱な春を迎えた。新型コロナウイルスの国内蔓延と、それに伴う社会への不安感と焦燥感からである。

私自身、三月初旬に三十七・七度の熱が出て、数日間苦しんだ。

すでにそのころには、行きつけの病院も厳重にコロナ対策が施されていて、発熱者は医師に診てもらうのも大変な状況だったが、幸いかかりつけの先生にしっかりと診てもらうことができた。結果、新型コロナウイルスによる発熱ではないと診断されたのだが、血液検査で炎症反応がなく、抗菌剤は使えないとのことだった。要するに「なにかのウイルス」で発熱しているのは明確なのだが、ＰＣＲ検査は必要ないのでできないと言われてしまった。

その日から週末をはさんで数日間は家に籠り、家内との接触にも気を使いながら寝て過ごした。何度も検温し、いつもの風邪とは違う怖さを感じていた。

朝、目が覚めても「もしもコロナだったらどうしよう」「人にうつしたりしないだろうか」と自問自答を繰り返した。

医師から大丈夫と言われていながらこのありさまである。実際に新型コロナウイルスに罹患して高熱や呼吸困難に苦しんでいる方々の、底知れぬ恐怖と痛みは想像するに余りある。


そのときの経験があったおかげで、私は、健康に平熱でいられる毎日に深く感謝している。以来、一日に三回以上の検温を続け、感染予防には細心の注意を払っている。

以後、考え方の優先順位が明確になった。一番は、いま健康で生活できていることへの感謝と、罹患された方々の気持ちに寄り添い、思いやる心。次に自分が感染しないこと、周囲の人たちに感染させないこと。三番目が「仕事の対応」となったのだ。

会社が潰れてはいけないし、多くの従業員の人たちの生活を守らなければならないので、仕事の対応も大切なのはわかっている。しかし、一番目と二番目をないがしろにしていては、仕事の対応がうまくできるはずがない。

一番目の心の部分が軽視されると、二番目の感染対策にも緩みが出るであろうし、仕事の対応には気づきも少なく、思いやりを欠くことになるだろう。二番目が軽視されると、仕事どころか生き死にの問題に直面する。

最初に「心の置き方」を決めてこの問題に対峙すべきとわかったのだ。

我々のような個人もそうであるし、国の指導者や立場ある人たちも、心の置き方を決めて自己の内面と向きあい、覚悟を決めてから動くということが大切だと思う。

そうすれば、パンデミックは人間の意志の力で制圧できる。

一九一八年に流行したスペイン風邪から百年近く経ち、世界の情報量やその流れるスピードは比べものにならないほど進歩したにもかかわらず、パンデミックのもたらす危機の重さはまったく変わっていない。それは人間の心の問題が進化せず、むしろ間違った方向へと進んでいるからではないだろうか。

感染病学や疫学の専門家は、百年に一度ほどの発生頻度だった疫病が、今世紀に入ってからのわずか二十年の間でこれほど多発するのは異常な事態であるという。非常に危惧していると言っていい。一九一八年のスペイン風邪、一九五七年のアジア風邪、一九六八年の香港風邪、二〇〇二年のSARS、二〇〇九年の新型インフルエンザ、二〇一二年のMERS、二〇一四年のエボラ出血熱、二〇一六年のジカ熱、そして二〇一九年の新型コロナウイルスと、時系列順に並べただけでも尋常ならざる事態だとわかる。

その背景には、熱帯雨林などの自然破壊や、無秩序な都市開発、地球温暖化などにより生態系が壊され、野生動物が人間社会に近づけられ、呼び込まれていることが大きな要因になっていると、長崎大学の山本太郎が指摘した。

生息域が狭められ、行き場を失って減少する野生動物たちを宿主としていたウイルスが、人間へと宿主を変えて移り住むようになっているのではないかという。

いまこそ、コロナ禍に立ち向かい、この事態に対して皆が共通の意識を持つ必要がある。なぜこうなったのか、このことからなにを学ぶのか、この現象の裏に潜む問題はなにか、ということだ。人類はひとつの共有すべき「精神的なテキスト」を持つ必要がある。宗教家やその信者に聖書や経典があるように、公人には綱領があるように、会社や企業には経営理念があるように。

そう思い巡らしたとき、私のハイヤーマインドは、多くの賢人たちの言葉やメッセージを送り続けてくれた。一隅を照らす灯りの如く、今世の人生の意味や宇宙の真理を伝えてくれた「賢人たちの智慧」だ。

こうして、賢人たちの智慧を借りて、この人類の危機であるコロナ・パンデミックにどう対応していけばよいのか、答えを探ろうと試みたのが本書である。

その智慧は、ひとつの方向性と結論を導き出してくれた。執筆するうちに賢人たちや精霊、ハイヤーセルフやガイド、はたまた知的生命体たちから後押ししてもらったような気がしてならない。

私が子供のころ、父が私に言った言葉を思い出す。

「人間は科学の進歩で賢い存在だと思っているかもしれないが、知恵比べしてもいつもその上をいく厄介な生き物がいるんだ。それがウイルスで、抑えても抑えても形を変えながら我々人類に戦いを挑んでくるんだ……」

なぜそのとき父が、そのような話を私にしたのかはわからない。

だが、あれから半世紀経った今、地球上では新規ウイルスのオンパレードだ。

我々人類は、表層的な解析と対症療法的解決に終始してはならない。根本に横たわる問題を解決していかなくてはならないはずだ。さもないと、今度は我々人類がウイルスにとどめを刺されることになるだろう。

どうか、賢人たちの智慧やメッセージに耳を傾けてほしい。人々が真理に気づき、深い洞察を得たそのときこそ、今後の新しい世界のあり方が見えてくるだろう。苦しみの先に、高次の新しい世界が顕現されることを望んでやまない。

# 参考文献

『いま人に聞かせたい神様の言葉』船井幸雄、中矢伸一著（徳間書店）
『二つの真実』船井幸雄著（ビジネス社）
『臨死体験』立花隆著（文藝春秋）
『シンクロニシティが起きるとき』スーザン・M・ワトキンス著（VOICE）
『「前世」からのメッセージ』ブライアン・L・ワイス著／山川紘矢、山川亜希子訳（PHP研究所）
『前世療法』ブライアン・L・ワイス著／山川紘矢、山川亜希子訳（PHP研究所）
『ソウルメイト・魂の伴侶』ブライアン・L・ワイス著／山川紘矢、山川亜希子訳（PHP研究所）
『未来世療法』ブライアン・L・ワイス著／山川紘矢、山川亜希子訳（PHP研究所）
『奇跡は起こる』ブライアン・L・ワイス著／山川紘矢、山川亜希子訳（PHP研究所）
『精霊の囁き』山川紘矢、山川亜希子著（PHP研究所）
『死後探索』（シリーズ）ブルース・モーエン著／坂本政道監訳／塩崎麻彩子訳（ハート出版）
『分裂する未来』坂本政道著（ハート出版）
『バシャール×坂本政道　人類、その起源と未来』坂本政道、ダリル・アンカ著（VOICE）
『バシャール　スドウゲンキ』須藤元気、ダリル・アンカ著（VOICE）
『バシャール・ペーパーバック⑥』ダリル・アンカ著／関野直行訳（VOICE）
『人は死なない』矢作直樹著（バジリコ）

『〈ふつう〉から遠くはなれて』中島義道著（青春出版社）
『かみさまは小学5年生』すみれ著（サンマーク出版）
『思い通りになる人生　その時は今』村松智文著（サモデ出版）
『2012年の黙示録』なわふみひと著（たま出版）
『超訳　ニーチェの言葉』フリードリヒ・ニーチェ著／白取春彦編訳（ディスカバー社）
『神様につながった電話』保江邦夫著（風雲舎）
『死後探索』ブルース・モーエン著（ハート出版）
『四つの約束』ドン・ミゲル・ルイス著／松永太郎訳（コスモスライブラリー）
『地球・宇宙・そして人間』松井孝典著（徳間書店）
『ワープする宇宙』リサ・ランドール著／向山信治、塩原通緒訳（NHK出版）
『ザ・シークレット』ロンダ・バーン著／山川紘矢、山川亜希子、佐野美代子訳（角川書店）
『脳死体験3回で見た《2つの未来》』木内鶴彦著（ヒカルランド）
『プルーフ・オブ・ヘブン』エベン・アレグザンダー著／白川貴子訳（早川書房）
『かいま見た死後の世界』レイモンド・A・ムーディー・Jr著／中山善之訳（評論社）
『ツインソウル　完全版』飯田史彦著（PHP研究所）
『〈完全版〉生きがいの創造』飯田史彦著（PHP研究所）
『生きがいの創造　実践編』飯田史彦著（PHP研究所）
『ソウルメイト』飯田史彦著（PHP研究所）
『生きる意味の探求』グレン・ウイリストン著／飯田史彦訳（徳間書店）

『アウト・オン・ア・リム』シャーリー・マクレーン著／山川紘矢、山川亜希子訳（角川書店）
『マイ仏教』みうらじゅん著（新潮社）
『死ぬこと　生きること』ＯＳＨＯ著（市民出版社）
『神との対話』ニール・ドナルド・ウオルシュ著／吉田利子訳（サンマーク出版）
『眠れる予言者　エドガー・ケイシー』光田秀著（総合法令）

〈著者紹介〉

**若林 毅**（わかばやし つよし）

1959年岡山県生まれ。

明治時代創業の醤油醸造業の家に生まれる。時代の変化に応じて改廃と起業をくり返し、現在は多事業化して複数の会社を経営する。

一方、画業でも幅広く活躍し、ベルリンでの個展をはじめ海外のアートフェアへも頻繁に出品している。国内では国画会に属し、金谷雄一氏に師事。毎年国立新美術館で開催される国展に出品中。2016年関西国展で「関西国画賞」を受賞。

音楽活動においては、早稲田大学在学中からブルースやロックのバンドでリードギターとして活動し、帰郷後も地元において音楽活動を継続、40歳までギターを弾き続けた。

現在は、みずからの絵画のコンセプトにも通底する、精神世界の賢者たちの著書や史書を広く調べ、「多くの気づき」を集約し、執筆している。

**コロナに勝つ心** ～賢人たちからのメッセージ～

2020年 9 月 2 日　初版第 1 刷発行

著　者　若林 毅
発行者　韮澤 潤一郎
発行所　株式会社 たま出版
〒160-0004 東京都新宿区四谷4-28-20
☎ 03-5369-3051（代表）
FAX 03-5369-3052
http://tamabook.com
振替　00130-5-94804

印刷所　株式会社エーヴィスシステムズ
組　版　一企画


ISBN978-4-8127-0441-7　C0011